ANNALES DU MUSÉE GUIMET

GRANDE BIBLIOTHÈQUE

SÉRIE IN-4

33 Volumes

Derniers Volumes parus :

XXVIII, XXIX. **Histoire de la Sépulture et des Funérailles dans l'ancienne Egypte,** par E. AMÉLINEAU. I et II. 2 tomes in-4 illustrés et accompagnés de 112 planches. . . . . 60 fr.

XXX. **Notes sur Antinoë.** In-4°, figures dans le texte, 24 planches hors texte . . . . 39 fr.

XXXI. Première partie : **Si-Ling.** Étude sur les tombeaux de l'Ouest de la dynastie des Ts'ing par le Commandant FONSSAGRIVES. Un beau volume in-4°, illustré de gravures et planches en noir, en chromotypographie et en chromolithographie. . . . . 30 fr.

Deuxième partie : **Le Siam ancien.** Archéologie, épigraphie, géographie, par LUCIEN FOURNEREAU. Seconde partie. In-4°, 48 planches. . . . . 30 fr.

XXXII. **Catalogue du Musée Guimet. Galerie égyptienne.** Stèles, Bas-reliefs, Monuments divers, par A. MORET. In-4°, 66 planches en un carton. . . . . 25 fr.

XXXIII. **Catalogue du Musée Guimet. Cylindres orientaux**, par L. DELAPORTE. In-4°, 10 planches. . . . . 12 fr.

ANNALES DU MUSÉE GUIMET

BIBLIOTHÈQUE D'ART

Li-Long-Mien (Lévy et Cie, éditeurs). . . . . 40 fr.

Okoma, Roman japonais, illustré, par F. REGAMEY (Plon, Nourrit et Cie, éditeurs). . . . . 20 fr.

Si-Ling (E Leroux, éditeur). . . . . 40 fr.

La peinture chinoise au Musée Guimet, par TCHANG YI-TCHOU et J. HACKIN (P. Geuthner, édit.) . . . . 12 fr. 50

Les portraits d'Antinoë, par E. GUIMET (Hachette et Cie, éditeurs). . . . . 20 fr.

ANNALES DU MUSÉE GUIMET

REVUE DE L'HISTOIRE DES RELIGIONS

1880-1913

68 volumes in-8. . . . . 650 fr.

MINISTÈRE DE L'INSTRUCTION PUBLIQUE

ANNALES
DU
MUSÉE GUIMET

BIBLIOTHÈQUE D'ÉTUDES
TOME VINGT-SEPTIÈME

ARCHÉOLOGIE
DU
SUD DE L'INDE

II. — ICONOGRAPHIE

ARCHÉOLOGIE

DU

SUD DE L'INDE

PAR

G. JOUVEAU-DUBREUIL

PROFESSEUR AU COLLÈGE DE PONDICHÉRY

TOME II. — ICONOGRAPHIE

Avec 40 figures et 44 planches hors texte

PARIS
LIBRAIRIE PAUL GEUTHNER
13, RUE JACOB, 13

1914

ICONOGRAPHIE

DU SUD DE L'INDE

INTRODUCTION

Nous avons désigné par le nom assez vague de « Sud de l'Inde » le pays qui s'étend le long de la côte de Coromandel, depuis l'embouchure de la Pennar jusqu'au cap Comorin. Cette région possède certains caractères distinctifs : les monuments appartiennent tous au style dravidien que nous avons étudié précédemment, et la langue principale est le tamoul. Aussitôt que l'on s'éloigne de cette contrée, on constate un changement dans le langage des populations et dans le style des monuments : les indigènes parlent le malayàlam, le canara ou le télinga, et l'on rencontre des monuments de styles châḷukya ou nord-hindou.

Nous nous proposons d'étudier ici l'iconographie de ce pays d'architecture dravidienne et de langue tamoule qui comprend les dix districts de North-Arcot, Madras, Chingleput, South-Arcot, Salem, Coimbatore, Trichinopoly, Tanjore, Madura, Tinnevelly.

Cette iconographie est presque exclusivement hindouiste. Les musulmans et les chrétiens ont toujours été relativement peu nombreux dans cette partie de l'Inde méridionale. On n'a trouvé au sud de la Pennar presque aucun vestige de Bouddhisme.

On rencontre quelquefois des images de saints jaïns, représentés tantôt debout et nus, tantôt assis, les jambes croisées, la tête entourée d'une auréole (1). Le Jaïnisme ne semble pas cependant avoir été jamais très florissant dans cette région.

Ainsi, depuis l'époque des plus anciens documents historiques, les Tamouls sont ce qu'on appelle dans l'Inde des brahmaniques ; leur religion est l'Hindouïsme.

Nous n'essayerons pas de définir en quelques mots l'Hindouïsme : depuis quatorze siècles la religion s'est beaucoup modifiée ; il s'est formé des sectes nombreuses ; des docteurs éminents ont propagé des idées d'une philosophie très haute, mais qui n'ont fait qu'augmenter la diversité des cultes et des dogmes.

Nous n'avons à nous occuper ici que de l'iconographie, et dès lors la question devient relativement simple, car si les Hindous ne s'entendent souvent pas sur les idées philosophiques, par contre ils ont toujours été parfaitement d'accord sur la manière de représenter les Dieux et les scènes religieuses.

L'iconographie du Sud de l'Inde est exclusivement religieuse ; or les sujets liturgiques ne sauraient être traités selon la fantaisie des artistes. De tous temps, la manière de représenter les Dieux a été réglée par des canons extrêmement précis ; le ciseau de sculpteur a toujours été guidé par des règles minutieuses.

De nos jours, par exemple, un artiste qui veut représenter Poulléar (Ganésa) ne peut s'écarter de la forme très précise fixée par la coutume. Il est non seulement obligé de donner au Dieu une tête d'éléphant, mais encore il est astreint à diriger l'extrémité de la trompe vers la main

(1) A Ariancoupam, près de Pondichéry, nous avons trouvé une statue de ce genre, non loin de l'endroit où l'on brûle les morts ; elle a environ 1 m. 50 de hauteur ; elle est abritée par une hutte que les indigènes appellent Brahmácoil.

gauche qui tient un gâteau de riz. Il faut qu'une des défenses soit brisée, et cette défense est celle de droite. Il n'est pas permis d'intervertir l'ordre des attributs : l'insigne appelé « ankoucham » (sanscrit : aṅkuça) étant dans la seconde main droite et le « pâcham » (sanscrit : pâça) dans la seconde main gauche.

Un sculpteur qui représenterait le Dieu d'une manière différente serait accusé de ne pas savoir son métier et de violer les lois les plus sacrées de la religion. D'ailleurs les brahmes refuseraient de payer le prix du travail et de révérer cette divinité hétérodoxe : on n'adore pas une image qui n'est pas exécutée selon les règles.

Dans le cours des siècles ces règles se sont modifiées : il suffit de comparer un bas-relief ancien avec un bas-relief moderne représentant le même sujet pour observer des différences souvent considérables.

Mais, si au lieu de comparer des images d'époques différentes, on compare des images contemporaines, on constate qu'elles sont, à peu de chose près, identiques.

En demeurant dans les limites du pays d'architecture dravidienne et de langue tamoule, on peut donc admettre le principe suivant :

Lorsqu'un même sujet se trouve représenté sur des monuments du même âge, il est toujours traité de la même façon.

Ainsi donc, à chaque époque, la manière de représenter les Dieux et les scènes religieuses, était régie par des lois rigoureuses ; et c'est à cause de ce fait que l'iconographie présente véritablement un caractère scientifique.

Nous distinguons dans cette étude de l'iconographie religieuse du Sud de l'Inde, deux parties qui diffèrent par leur objet, leur méthode, et leurs résultats :

1° L'étude de l'iconographie moderne.

2° L'histoire de l'iconographie.

L'iconographie moderne peut facilement être connue d'une manière complète.

Il suffit en effet de se procurer un bon spécimen de chacune des images modernes qui représentent les Dieux et les scènes religieuses, et qui sont des « clichés » qu'on trouve de nos jours reproduits partout identiquement. On interroge les artistes, sculpteurs, peintres, et de leurs réponses comparées et contrôlées, on établit pour chaque image :

1° Ce qu'elle représente et la légende à laquelle elle se rattache.

2° Le nom du sujet lui-même et les noms techniques des différentes parties qui composent cette image : personnages, costumes, emblèmes, etc.

3° La rareté ou la fréquence de ce sujet dans l'iconographie moderne.

L'étude des images anciennes est au contraire difficile et incertaine.

Pour savoir exactement ce que les peintres ou sculpteurs ont voulu représenter, il faudrait que ces artistes eussent écrit des traités complets d'iconographie, et que ces livres soient parvenus jusqu'à nous avec d'excellentes preuves d'authenticité.

Nous ne possédons aucun ouvrage de ce genre ; aussi faut-il y suppléer par d'autres méthodes.

A défaut d'ouvrages techniques, on peut songer à trouver des renseignements sur l'iconographie dans des écrits religieux ou littéraires.

Le travail de l'archéologue consisterait alors à rechercher des textes pouvant s'appliquer à des images.

Fort souvent cependant, il n'en existe aucun qui puisse expliquer certains détails iconographiques. Par contre, il arrive fréquemment que plusieurs légendes tout à fait différentes, sont susceptibles de s'appliquer à une même image, et par les textes seuls on ne peut savoir exactement ce que l'artiste a voulu représenter.

Enfin, pour que cette méthode soit applicable, il importe

que les textes dont on se sert pour interpréter les images soient approximativement du même pays et de la même époque que ces images.

Il est évident que nous n'aurions pas le droit d'interpréter un bas-relief sculpté sur les bords de la Kavéry, à l'aide d'un texte écrit sur les bords du Gange. En second lieu, on ne peut logiquement utiliser un texte du XVIe siècle pour expliquer une image du VIIe.

On comprend dès lors que nous ne puissions nous servir, pour l'iconographie du Sud de l'Inde, de la plupart des ouvrages sanscrits qui sont classiques et dont on trouve la traduction dans les bibliothèques d'Europe. Ces ouvrages ne sont en effet nullement spéciaux au sud de l'Inde.

C'est à la littérature tamoule que nous devrions nous adresser. Malheureusement les ouvrages écrits dans le sud de l'Inde sont encore très mal connus et leur âge est fort incertain. La plupart d'entre eux sont modernes et ne pourraient servir qu'à l'iconographie moderne, pour laquelle précisément on n'a pas besoin du secours des textes. Il faudrait donc commencer par déterminer l'âge des anciens ouvrages tamouls. Or, nous ne possédons que des copies d'originaux anciens, et il faudrait prouver que ces livres n'ont subi ni modifications, ni interpolations.

Nous n'essayerons donc pas d'entrer dans cette voie ; nous nous servirons ici d'une méthode purement archéologique et qui n'est autre chose que l'iconographie comparée.

L'âge de la plupart des sculptures qui ornent les temples dravidiens peut être connu d'une façon assez précise.

Presque toujours, en effet, chaque bas-relief fait partie intégrale d'un monument ; les images qui ornent l'édifice ont été sculptées en même temps que les autres motifs d'ornementation (piliers, chapiteaux, corbeaux, attiques, etc...) qui caractérisent le style de l'édifice. Or, nous croyons avoir prouvé précédemment qu'il suffit d'observer le style d'un monument dravidien, pour en connaître l'âge approximatif.

Nous classerons donc les images selon l'époque des monuments auxquels elles appartiennent.

Ces époques sont les suivantes :

Epoque Pallava : VIIe, VIIIe et première moitié du IXe siècle ;

Epoque Choḷa : seconde moitié du IXe siècle, Xe et XIe siècles ;

Epoque Paṇḍya : XIIe, XIIIe et première moitié du XIVe siècle ;

Epoque de Bijanagar ; seconde moitié du XIVe siècle, XVe et XVIe siècles ;

Epoque de Madura : du XVIIe siècle inclusivement à nos jours.

Si, maintenant, nous observons même superficiellement ces images, nous remarquons que celles qui sont très anciennes diffèrent sensiblement des modernes, mais que cependant les images d'une époque ne diffèrent pas beaucoup de celles de l'époque antérieure et de celles de l'époque suivante. Nous constaterons donc que l'iconographie s'est modifiée dans le cours des siècles, mais que cette transformation s'est effectuée lentement et progressivement.

Les différentes phases de l'histoire de l'iconographie forment à travers les siècles une série continue. Or, le dernier terme de cette série, qui est l'iconographie moderne, peut être connu d'une manière complète.

Les artistes modernes sont les héritiers des artistes anciens, les dépositaires de la tradition.

En prenant pour point de départ l'iconographie moderne, nous comparerons les images de chaque époque avec celles de l'époque antérieure. Nous constaterons alors que cette tradition s'est modifiée dans le cours des siècles, mais nous nous contenterons de noter les différences, sans qu'il soit nécessaire de faire aucune hypothèse.

Prenons un exemple :

On reconnaît ordinairement Vichnou parce qu'il porte les insignes " Sankha " (en sanscrit : çaṅkha) et " Chakram " (en sanscrit : cakra), la conque et le disque,

Ce dernier est une roue qui, de nos jours est entourée d'un

foulard (vastram) et de quatre flammes (soudar) sortant des bords de la roue.

A l'époque de Bijanagar (xve siècle), cette roue est dépourvue de foulard.

A l'époque précédente (Pàṇḍya) (xiie siècle), des flammes sortent aussi de l'essieu de la roue.

A l'époque Choḷa (xe siècle), la roue est encore ornée de flammes, mais elle est vue selon sa tranche.

Enfin, à l'époque Pallava (viie siècle) le chakram de Vichnou est dépourvu de flammes.

On peut dire qu'il n'est pas un seul motif qui ne se soit transformé sensiblement dans le cours des âges, et il importe de suivre de siècle en siècle l'histoire de ces modifications pour établir d'une manière certaine l'identité des images anciennes.

L'étude comparée de l'iconographie ne se borne pas aux règles techniques employées pour représenter les sujets religieux ; elle comprend aussi la statistique de ces sujets aux différentes périodes de l'histoire de l'art.

Pour chaque époque, il importe de savoir quels sont les sujets qui étaient le plus souvent représentés, et par contre, quels sont ceux qui étaient rares, ou même totalement absents.

Il n'est pas inutile de savoir que le sujet appelé « Sumaskanda » (Siva avec Pàrvatì et Soubramaniar) se trouve multiplié à l'excès dans les temples sivaïtes des Pallavas. Ce motif représente donc ce qu'il y avait de plus essentiel dans la région de cette époque.

Il n'est pas non plus sans intérêt de comparer, à ce point de vue de la statistique des sujets religieux, les différentes époques entre elles.

C'est ainsi que nous apprendrons que certains sujets très souvent représentés de nos jours semblent absolument inconnus des sculpteurs anciens.

N'est-il pas très remarquable qu'on ne rencontre nulle part dans les temples antérieurs au xe siècle, les images de Râma, Sîtâ, Lakṣmaṇa, Hanumat ? que certains sujets tels que Kṛṣṇa et les baigneuses (jala krîḍâ), Kṛṣṇa flûtiste (Véṇugopal) ne se trouvent jamais dans les temples anciens ; que le signe vichnouite appelé « nâmam » n'apparaît dans les sculptures qu'à partir du xve siècle ?

On sait quelle est l'importance de l'étude de l'iconographie non seulement pour l'histoire de l'art, mais encore pour l'histoire de la littérature et l'histoire de la religion. Le Sud de l'Inde est un des pays où les monuments sont les plus nombreux et les plus vastes. Or, ces monuments d'âges très divers sont couverts de sculptures qui sont une source inépuisable de documents historiques.

Mais ces sculptures présentent un intérêt plus grand encore quand on songe qu'elles expriment l'âme du peuple ; ce sont des manifestations de l'esprit humain dans un pays qui possède depuis longtemps une civilisation très avancée et extrêmement particulière.

CHAPITRE PREMIER

L'ICONOGRAPHIE SIVAITE

§ 1. — Siva.

Le Lingam. — Siva (1), le grand Dieu du Sud de l'Inde (d'où ses noms sanscrits de Mahâdeva, Mahéça, Maheçvara), est incarné dans le Lingam (2) (sanscrit : Lingam).

La forme du Lingam est très variable. La figure 1 représente la plus ordinaire. Il est composé de deux parties :

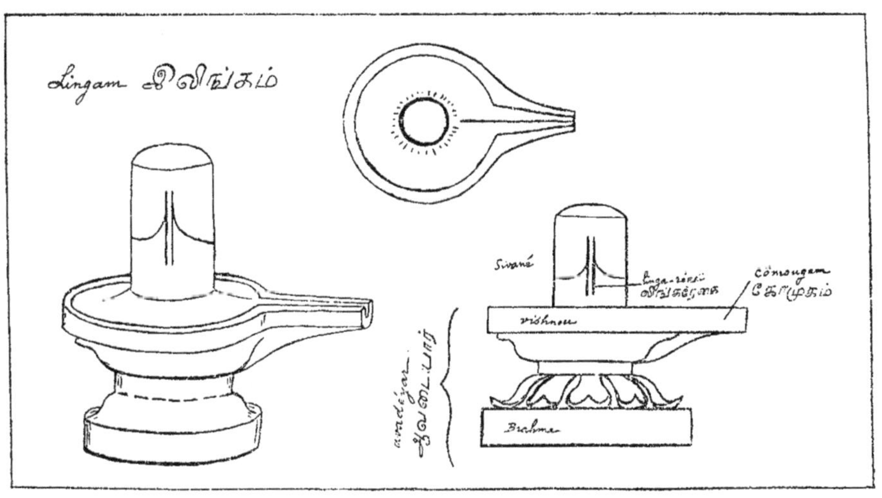

Fig. 1. — Lingam.

1° Un piédestal appelé « avadéyar » (3).

(1) En tamoul Chiven, du sanscrit Çiva (le propice), appelé aussi Sadâçiva (l'éternellement heureux), Paramaçiva (Siva, Dieu du ciel), Parameçvara (le Dieu sublime), Viçvanâtha, (le Dieu du monde), Içvara (le glorieux), Hara (le Tout-Puissant), etc.

(2) Prononcer : Linegomme.

(3) Appelé aussi quelquefois salunkha ou védi.

Il est quelquefois rectangulaire, le plus souvent circulaire. Sa forme la plus générale est représentée figure 1. La partie inférieure est supposée représenter Brahmâ, et la partie supérieure Vichnou, ces deux parties servant à supporter le Lingam proprement dit qui est Siva.

La fonction de l'avadéyar est non seulement de supporter le Lingam, mais de recueillir et de rejeter au dehors, les liquides dont on arrose le Lingam (1).

Aussi, la partie supérieure de l'avadéyar est creusée en forme de vase. Une sorte de gouttière, ou de gargouille, appelée « cômougam » (2), qui doit toujours être dirigée vers la droite de celui qui regarde le sanctuaire, sert à l'écoulement des liquides.

2° *Le Lingam proprement dit.*

C'est un cylindre planté verticalement sur le piédestal et dont la partie supérieure est terminée par une calotte sphérique. Il représente le phallus : des rainures verticales, qui indiquent le frein du prépuce et qu'on appelle « linga-régaï » sont tracées sur la partie cylindrique (voir figure 1).

Ce que nous venons de décrire, c'est le « Sthavaram », c'est-à-dire le Lingam immobile des temples (3), « le Mûlalinga », celui qui se trouve dans les sanctuaires et qui est en granit. Mais il existe une infinité de sortes de Lingams : des montagnes entières (par exemple Tirouvannamalai) sont quelquefois considérées comme des Lingams. Plusieurs temples sont illustres parce qu'ils contiennent un Lingam formé d'un élément : Conjeeveram (Kañcîpuram) possède le Lingam de terre, Jambukèsçvara le Lingam d'eau, Arunàtchala (Tiruvannàmalai) celui de feu, le Lingam d'air est à Kâlasti, celui d'éther à Chidambaram.

(1) Toutes les statues des temples sont ainsi supportées par un piédestal qui sert à recueillir les huiles saintes. L'avadéyar du Lingam, n'est pas autre chose et n'a pas la signification de « Yôni ».

(2) Appelée aussi Somasûtra.

(3) Dans les grands temples, il y a 108 Lingams qui portent chacun un nom spécial.

Dans les fêtes, on transporte le « utsava-linga ».

On en fait qui sont en terre (pârthiva-linga). Enfin, il y a une infinité de sortes de « jangamam » ou Lingams transportables. Les religieux lingavat appelés « pandàram » et « andis » (mendiants) en portent de minuscules, ayant à peu près la forme d'un œuf et qui sont enfermés dans une boîte d'argent attachée au bras, au cou ou dans les cheveux.

Historique. — Il n'est pas exact, comme l'ont prétendu plusieurs auteurs, que le culte du Lingam soit une acquisition relativement récente de l'Hindouïsme. L'iconographie prouve au contraire que depuis les débuts de l'histoire monumentale du Sud de l'Inde, le Lingam fait partie intégrale de l'Hindouïsme sivaïte (1).

Dans les monuments des Pallavas (VIIe siècle), le Lingam se voit partout, et il est absolument impossible d'admettre que ce n'est que plus tard qu'il a été placé dans les sanctuaires.

Siva, Dieu du Lingam, apparaît ici comme Dieu créateur et Dieu de la vie. Les origines de la vie sont entourées de mystères, et la science européenne n'en sait pas davantage sur ce sujet que les Hindous qui, depuis des temps très reculés, adorent Siva, le Dieu suprême, sous la forme du Lingam. L'adoration du phallus, c'est l'union des mystères de la génération et des mystères de la Divinité.

La forme du Lingam étant très variable, il est impossible d'en faire l'histoire. Notons cependant que les Lingams des temples Pallavas ne sont pas cylindriques, mais sont prismatiques (2).

Tel est par exemple le Lingam du temple de Kaïlâsanàtha

(1) La légende de Siva sortant du Lingam se trouve représentée dans la cave des Avatârs à Ellora. Le Lingam est sculpté en bas-relief dans la cave n° 1 à Bâdâmi, dans un endroit où, faisant partie de la décoration, il est impossible d'admettre qu'il y ait été ajouté ultérieurement. Or, les caves des Avatârs et n° 1 à Bâdâmi, datent assurément du VIe siècle.

(2) Il est assez étrange que le phallus soit représenté par un prisme.

(sanctuaire de Mahêndravarman) (VIIIe siècle) à Kañchîpuram, représenté Pl. I, A, et qui est un prisme à 12 facettes.

A l'époque Choḷa (XIe siècle), on sculpta des Lingams gigantesques, tels que ceux qui sont placés sous les grands vimânas de Tanjore et de Gangaïcondapuram.

Richabha (sanscrit : ṛṣabha). — Devant le Lingam, se trouve presque toujours un bœuf accroupi appelé Richabha, mais plus généralement appelé Nandi. On le confond souvent avec Nandikeçvara, portier du Kaïlâsa, qui a une tête de taureau sur un corps humain, et dont nous parlerons plus loin.

On donne aussi le nom de Nandi à la monture de Siva (voir Pl. XII) qui n'est autre que Dharmadeva, Dieu de la vertu.

Richabha, est toujours accroupi (jamais debout) devant le Lingam. Il appartient à l'espèce de bœufs qui ont une bosse sur le dos. C'est toujours un taureau, et c'est un jeune taureau car il n'a que des cornes naissantes ; sa présence devant le Lingam semble s'expliquer comme symbole de la force génésique. La tête de Richabha est dirigée vers le Lingam et ses pattes sont ramassées sous le corps, excepté l'une des pattes de devant. Il a toujours autour du cou un collier orné de clochettes (Pl. I, B).

Historique. — Il existe au musée du Louvre, dans la collection rapportée de Chaldée par la mission de Sarzec (fouilles de Tello, A. O. 2354), un petit bas-relief qui représente un bœuf absolument identique au Nandi.

Dans le Sud de l'Inde, il est incontestable que depuis le VIe siècle le Nandi est placé devant le Lingam et qu'il est considéré comme emblème de Siva. Sa forme ne semble pas avoir beaucoup changé dans le cours des temps.

Nous avons dit que les huit monolithes (VIIe siècle) de Mavalipuram consistaient en cinq rathas, un éléphant, un lion, et un bœuf. Ce dernier, situé à l'est, entre le « Bhìma » et le « Draupadi » ratha, est un Nandi classique.

Dans la cave qui est près du phare à Mavalipuram, au fond du sanctuaire, un bas-relief représente Sumaskanda, et Nandi est accroupi aux pieds de Siva et de Pàrvatì.

On le trouve très souvent dans le « Shore Temple » (VIIIe siècle) de Mavalipuram et le temple de Kaïlàsanâtha (VIIIe siècle) à Kañchìpuram.

Le colossal Nandi de Tanjore est universellement connu (1).

Adoration du Lingam. — L'office de Siva-pûjâ est célébré trois fois par jour (le matin, à midi et le soir) au sanctuaire (Garbhagriham) du temple, par les brahmes appelés saïvas, qui ont reçu l'initiation (dìkṣà).

La Siva-pûjâ comprend trois parties :

1° Abhiṣeka (onction sainte) qui consiste à oindre le Lingam de lait, de beurre et d'huile de sésame (2).

2° Dhûpa (encensement) qui consiste à brûler des parfums (sàmbirâṇi).

3° Naivedya (oblation) l'offrande d'aliments qui ne doivent pas avoir contenu de principes de vie animale.

En outre, on récite des prières, on allume des lampes et on orne le Lingam de guirlandes de fleurs (notamment de

(1) Devant le temple de Virùpàksha (VIIIe siècle) à Pattadakal (près de Badami), il y a, sous un pavillon isolé, un très gros et beau Nandi qui rappelle celui de Tanjore.

(2) Les brahmes ne se servent jamais de l'huile de coco pour arroser le Lingam.

guirlandes d'une sorte de jasmin, appelées en tamoul zambac, ou mougri (du sanscrit mudgara).

Siva est très favorable à ceux qui fleurissent le Lingam : l'origine de la fête de Siva-râttry (nuit de Siva) en est une preuve.

Le boya (chasseur) Sivagossariar avait tué dans les bois une telle quantité d'oiseaux que la difficulté de transporter un si lourd fardeau l'avait empêché de regagner la ville de Varanachy avant la nuit. Pour ne pas être dévoré par les bêtes féroces, il monta avec son gibier dans un arbre vépou (margousier).

Sivagossariar dormit mal, car c'était la nouvelle lune du mois palgouna (mars) et la nuit était froide. En s'agitant dans l'arbre, il fit tomber des fleurs, des feuilles, des fruits et des gouttes de rosée sur un Lingam qui se trouvait au pied de l'arbre.

C'est à cause de cette circonstance fortuite que des grâces surnaturelles lui furent accordées (1).

Tirouanècaval. — Dans le temple de Jambukeçvara on vénère l'image de l'adoration du Lingam par un éléphant (Pl. II, A). Au pied d'un arbre, l'éléphant arrose à l'aide de sa trompe un Lingam que Pârvatî orne de fleurs.

Râma-Lingam. — Lorsque Râma, Sîtâ, Lakṣmaṇâ et Hanumat, traversèrent l'île de Rameçvaram après la défaite de Râvaṇa, ils adorèrent le célèbre Lingam appelé Râmanada-Souami (Dieu de Râma), qu'Hanumat avait rapporté du Gange, et l'ornèrent de guirlandes de fleurs (Pl. II, B) (2).

Historique. — Nous n'avons jamais vu Râma-Lingam re-

(1) Le Musée Guimet possède un panneau de char qui représente cette scène.

(2) Le sanctuaire de Rameçvaram est un lieu de pèlerinage très illustre. Certains « pandarams » appelés « Kâchi-caoris » font le voyage de Rameçvaram pour y porter, avec une dévotion toute particulière, un peu d'eau du Gange.

présenté sur aucun temple ancien. Il est probable que c'est une légende locale qui ne doit pas être antérieure au XIIIe siècle.

Siva sortant du Lingam. — La présence réelle de Siva dans le Lingam est établie par plusieurs légendes dont les deux plus célèbres sont : celle de Kannappa et celle de Markânda.

Kannappanayanar-Pourânam. — Le chasseur Tinnène, poursuivant un jour un sanglier, arriva au bord de la rivière Ponnémogaliar. Un petit temple de Siva était bâti sur une colline, près de cet endroit. Tinnène accompagné de Kàddène, un autre chasseur, visita ce temple. Ayant toujours habité la forêt, il ne connaissait rien des choses de la religion, et lorsque son ami Kaddène lui eût expliqué que la divinité était incarnée dans le Lingam, Tinnène sentit naître en lui une piété ardente. Tous les jours qui suivirent il offrit au Dieu de l'eau, des fleurs, et même de la viande, puisqu'il ignorait les règles du culte. Un jour il vit que des gouttes de sang coulaient d'un œil du Dieu (1). Le jeune Tinnène pensant que des méchants l'avaient crevé, arracha un de ses propres yeux pour remplacer celui que Siva avait perdu.

Le lendemain Tinnène vit que des gouttes de sang coulaient du second œil. Alors il voulut, à l'aide d'un couteau, enlever l'unique œil qui lui restait. Mais ses deux mains étaient nécessaires pour cette ablation, et comme après avoir perdu la vue il n'aurait pu retrouver sur le Lingam la place de l'œil pour y mettre le sien, il plaça son pied chaussé à cet endroit. Il allait enfoncer le couteau dans son œil (fig. 2) lorsque Siva, sortant du Lingam, lui arrêta le bras.

Dans la suite Tinnène fut comblé de bénédictions et reçut

(1) Le visage de Siva est quelquefois dessiné sur le Lingam.

le nom de Kannappa (en tamoul kannoù veut dire œil), c'est-à-dire celui qui a donné son œil à Dieu.

Fig. 2. — Kannappa (Tinnène offrant son œil à Dieu).

L'image de Kannappa se crevant un œil pour l'offrir au Lingam est très fréquemment représentée dans le Sud de l'Inde (1). Mais c'est à Kalasti qu'elle est particulièrement révérée.

(1) Une sculpture en ronde bosse (dessinée par Régamey dans le *Tour du monde*, XLIX-1266e liv., p.237) se trouve dans le temple de Madura.

L'histoire de Kannappa est extrêmement célèbre, mais la plupart des Hindous ne connaissent pas leur religion, et il n'est pas étonnant que personne n'ait pu renseigner M. Guimet, lorsqu'il voulut savoir l'explication de cette scène :

« Mais nous voici en présence d'une sculpture d'un genre tout à fait « archaïque et dont le type nous reporte à l'art des Etrusques et des « Pélasges. Une sorte de roi à tête de satyre, à barbe pointue, prend une « pose de danseur pour se crever les yeux avec un canif. Devant lui, sur « un monticule, une petite niche est couronnée du serpent à cinq têtes.

« Si l'on est d'accord pour nous dire ce que fait ce dieu avec son canif, « nos cicérones ne le nomment pas de la même manière.

« Pour les uns, c'est Pourouchambreyan, pour les autres Chikan. Ré-

A. — Lingam dans le sanctuaire de "Mahèndravarmèsvara"
(Temple de Kaïlàsanàtha à Kàñchipuram (VIIIe siècle).

B. Richabha (Nandi).

A. — Tirouanècaval (Jambukeçvara). Image moderne.

B. Râma-lingam (Image moderne).

Nous ne l'avons jamais rencontrée dans les monuments antérieurs au XVIe siècle.

Mârkânda-Môkchome. — Délivrance (en sanscrit mokṣa) de Mârkânda (d'après le Skanda Purâṇa).

Le jeune Mârkânda, âgé de 16 ans, allait mourir ; et déjà Yama, Dieu de la mort, avait passé une corde autour de son cou pour l'entraîner dans son royaume (Emapuram). Dans un suprême effort pour se rattacher à la vie, le pieux Mârkânda étreint dans ses bras un des 108 Lingams, celui qu'on àppelle Amourda-Gadésouara. Celui-ci s'entr'ouvre, Siva, Dieu de la vie apparaît dans toute sa puissance, terrasse le roi des enfers et le transperce de son trident (soulam) (sanscrit : çûla) (Pl. III, A).

Siva apparaît ici comme Dieu de la vie. Celui qui est surnommé Mrityunjaya (vainqueur de la mort) et Kâlakâla (vainqueur de Yama) triomphe de la mort, personnifiée par Yama.

Historique. — Nous ne saurions affirmer que ce sujet, qui est plusieurs fois répété dans les souterrains d'Ellora (VIe, VIIe et VIIIe siècles) (1), était connu au VIIe siècle dans le Sud de l'Inde. Dans le temple de Kaïlâsanâtha à Kañchîpuram, il existe un bas-relief (A. Rea, *Pallava Architecture*, pl. XXXV, fig. 2) qui semble bien représenter cette scène. La sculpture

« gamey, qui de son côté va aussi aux renseignements, me rapporte le « nom de Vaden. Probablement, selon l'usage, tout le monde a raison ; « néanmoins, c'est un personnage à déterminer » (*Huit jours aux Indes*, par Emile Guimet. III. Madura, p. 236, *Tour du Monde*, XLIX, 1266e liv.).

« Que de détails, d'allégories, de scènes il faudrait noter... Que font « donc les archéologues de l'Inde ? Allons à la besogne Messieurs, il y a de quoi travailler » (*Huit jours aux Indes*, par Emile Guimet ; *Tour du Monde*, XLIX, 1267e liv., p. 244).

(1) Au fond de la cave « des Avatârs », le premier bas-relief à gauche représente cette scène. Il est généralement admis que cette cave date du VIe siècle. Ce bas-relief prouve bien qu'à cette époque on admettait la présence réelle de Siva dans le Lingam. Ce sujet se trouve aussi représenté deux fois dans le Kaïlâsa d'Ellora (VIIIe siècle).

étant très détériorée, nous ne saurions être affirmatif sur ce point.

Caractères distinctifs de Siva. — Dans l'iconographie du Sud de l'Inde, Siva est représenté sous une forme humaine. On lui donne quelquefois cinq visages, d'où les noms de Pancha-mukha (qui a cinq visages) et Pancha-nama (qui a cinq têtes) ; Il eut trois têtes (les deux autres représentant Siva et Vichnou), après que Sarasvatî et Lakchmî vinrent le trouver dans la forêt de Taruka. Toutefois il n'a généralement qu'une seule tête. Sa coiffure est une sorte de tiare formée de cheveux nattés (en tamoul sadaï, du sanscrit jaṭâ), aussi le Dieu est-il appelé Jaṭâ-dhara, Kapardî et Pingara (1).

Au milieu de la touffe de cheveux du Dieu se trouve une tête. C'était autrefois une tête de mort. On dit de nos jours que c'est la 5e tête de Brahmâ coupée par Baïravar (Siva).

La coiffure de Siva est ornée du croissant de la lune (d'où les noms de Siva : Chandra-sêkhara et Piraisûdi), et de la déesse Ganga qui est représentée les mains jointes (2) avec un corps de sirène ; aussi le Dieu qui porte Ganga dans sa chevelure est-il appelé Gangâvênian et Gangâdhara.

La peau de Siva est blanche ; sans doute parce que son corps est couvert de cendres de bouse de vache (vibhûti, tirunîru), à la manière des religieux sivaïtes. Son front est marqué des trois raies blanches que portent les sivabhaktas (adorateurs de Siva). On les trace sur le front avec trois doigts (l'index, le majeur et l'annulaire) de la main droite après les avoir recouverts de cendre Ce signe formé de trois raies horizontales porte le nom de vibhûtipundram.

(1) Les divinités sivaïtes ont toutes cette même coiffure de cheveux nattés. Au contraire Vichnou et les Dieux vichnouïtes portent une tiare cylindrique.

(2) De la manière appelée en tamoul koumoudougouradou et en sanscrit anjali.

A. Màrkànda-Mòkshcham (la délivrance de Màrkànda). Image moderne.

B. — Ardhanàri à Badami (VIe siècle), cave n° I.

Trimurti (panneau de char moderne).

Au milieu du front de Siva, un troisième œil est placé verticalement, d'où ces noms de Siva : Mukkanen, Virûpàksha, Tryambakâ (1). Il ne faut pas confondre cet œil de Siva avec le petit cercle blanc ou rouge (en tamoul pottou, en sanscrit tilaka) qui orne le front des Hindous et qui occupe la même place que l' « ûrṇâ » bouddhique.

Les oreilles de Siva sont toujours dissemblables : L'oreille droite est longue et pendante ; à l'extrémité est passé un petit anneau en forme de serpent (nâga-kuṇḍala). Au contraire, l'oreille gauche est ornée d'une grosse boucle ronde. Cette dissymétrie se voit dans les plus anciennes sculptures.

Un insigne très caractéristique de Siva, c'est le serpent. Certes Vichnou est représenté couché et assis sur Addissé-chen, Krichna danse sur Kâliya ; mais Siva seul est orné de serpents qui lui servent de bracelets (vangui), de foulards (vastram) ou de ceinture (areynânam), aussi est-il appelé Pongaravanindôu (2).

Dans les bas-reliefs de Badami et Mavalipuram, le serpent est souvent le seul emblème du Dieu.

Siva est fréquemment orné de crânes et d'ossements des ennemis des Dieux et des hommes ; aussi porte-t-il les noms de Kapâli, ou Kapàla-mâlin (orné de crânes), et Kankàla (orné d'ossements).

Le cou de Siva est bleu. Nous verrons en effet qu'au moment du barattement de la mer de lait, le Dieu avala un poison qui lui bleuit la gorge, ce qui lui valut les noms de Nîlakanda et Nanchuraikanda.

Siva a généralement quatre bras ; rarement davantage, jamais deux seulement. Chacun de ces bras porte une arme ou un insigne qui contribuent à caractériser le Dieu.

L'arme la plus particulière à Siva est peut-être le trident,

(1) Dans les plus anciennes images de Siva : à Bâdâmi, à Ellora, cet œil est dessiné d'une façon très nette.

(2) Poulléar et Garuḍa sont aussi ornés de serpents.

sulam, ou trisulam (en sanscrit triçûla, d'où le nom de Sûlapâniyan, celui qui tient à la main le soulam).

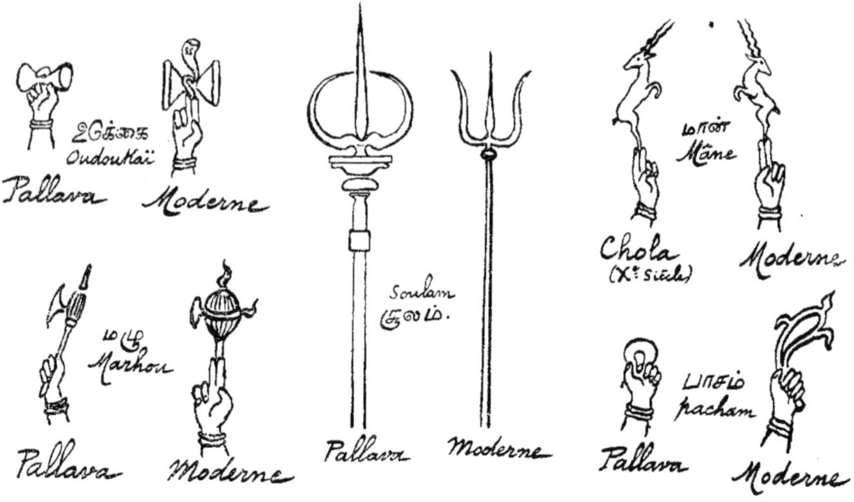

Fig. 3. — Insignes de Siva.

La forme du soulam (voir figure 3) était sensiblement différente à l'époque Pallava. Il n'y a pas à proprement parler trois pointes, car si celle du milieu est droite, les deux autres se rejoignent pour former un cercle.

Le soulam rappelle le triratna bouddhique ; et de fait, dans bien des cas on peut dire que le soulam a remplacé le triratna : ce dernier ornait fréquemment la partie supérieure du « fer-à-cheval » de l'époque bouddhique ; or, dans le « Ganésa temple » à Mavalipuram, c'est un soulam qui occupe précisément cette partie de l'édifice (voir t. I, *Architecture*, figure 33).

En outre du soulam, les emblèmes principaux de Siva sont au nombre de quatre, que nous diviserons en deux séries :

1° Les emblèmes de la main droite : la hache et le tambour.

2° Les emblèmes de la main gauche : l'antilope et la corde.

A. Brahman Siva sortant de la colonne).
Bas-relief dans le temple de Kailâsanâtha à Kânchipuram (VIIIe siècle).

B. Baïravar à Chidambaram XIII siècle.

A. — Hari-Hara dans la cave n° 1 à Bādāmi (VIe siècle).

B. — Ardhanarī (à gauche) et Hari-Hara (à droite) à Mavalipuram (Dharmarāja ratha, VIIe siècle).

Cette division a quelque importance car, à part des cas exceptionnels provenant d'une erreur de l'artiste, ces emblèmes ne sont jamais intervertis ; mais Siva ne porte que deux de ces emblèmes, à savoir :

la hache (à droite) et l'antilope (à gauche),

la hache (à droite) et la corde (à gauche),

le tambour (à droite) et l'antilope (à gauche),

le tambour (à droite) et la corde (à gauche).

La hache (maju) et l'antilope (mâne) sont des emblèmes de Siva conformément à la légende suivante :

Lorsque Siva vint dans la forêt de Taruka, sous la forme d'un mendiant, les femmes des Richis s'éprirent de lui et faillirent perdre leur vertu. Les Richis furieux creusèrent un trou d'où ils firent sortir par leur pouvoir magique un tigre qui se précipita sur le Dieu. Celui-ci s'empara du tigre, l'écorcha et se revêtit de sa peau. Les Richis envoyèrent contre lui une antilope, mais Siva la prit et la garda dans sa main gauche. Ils lancèrent alors contre le Dieu, une hache rougie au feu, que le Dieu garda comme insigne dans la main droite.

En sanscrit la hache s'appelle paraçu, aussi le Dieu porte le nom de Paraçupâni.

De nos jours, on donne à la hache la forme d'une massue (gahhâ) et elle affecte l'aspect de l'insigne appelé ankucham dont nous parlerons plus tard.

Le tambour que Siva tient à sa main droite est l'ouḍoukaï (en sanscrit : ḍamaru) dont se servent les religieux mendiants.

Par sa forme (qui est celle de l'hyperboloïde à une nappe) il rappelle le sablier ou le jouet connu en France sous le nom de diabolo.

Enfin, la corde (pâcham, du sanscrit pâça) est un emblème de souveraineté universelle. Dans les temples anciens, c'est une sorte de petit anneau que le Dieu tient en y introduisant l'index. Dans l'iconographie moderne, c'est une grande boucle ornée de trois flammes (soudar).

Tels sont les emblèmes principaux de Siva. Mais on peut citer encore : 1° une sorte de petit soulam appelé pâçoupata dont le nom est dérivé du mot sanscrit paçoupati (le maître des créatures vivantes, épithète de Siva) ; 2° l'écuelle qui renferme le feu (ti) : 3° le nuage formant drapeau, d'où le nom de Jìmûtakêtu (Siva) ; 4° l'écuelle du mendiant (en tamoul : cabalam, du sanscrit kapâla).

Enfin, nous en avons donné la raison, Siva est vêtu d'une peau de tigre.

Mounmoûrti ou Trimûrti. — Nous avons dit que dans le Sud de l'Inde, Siva est considéré comme le Dieu suprême ; la planche IV représente un sujet qui montre bien que, pour les Saïvas, Brahmâ et Vichnou sont des divinités consubstantielles de Siva, mais inférieures à celui-ci.

Siva est au milieu et n'a qu'une seule jambe, de son côté gauche sort Vichnou qui n'a que la jambe gauche, et du côté droit de Siva sort Brahmâ qui n'a que la jambe droite. Vichnou et Brahmâ semblent émaner de la substance même de Siva.

Historique. — Ce sujet a été vu par Langlès (*Monuments de l'Hindoustan*) dans le Poudou mandapam de Madura.

Nous ne l'avons jamais rencontré dans des monuments plus anciens.

Dans les monuments des VIe et VIIe siècles, on voit très souvent l'image de Siva ayant Brahmâ à sa droite et Vichnou à sa gauche, mais ces deux derniers apparaissent comme des acolytes et des subalternes. Il est à remarquer que dans les anciens temples sivaïtes (des Avatârs et Kaïlâsa à Ellora, Kaïlâsanatha à Kañchîpuram) la partie gauche du temple est consacrée à l'iconographie vichnouïte.

Il ne serait pas impossible qu'au VIe ou VIIe siècle on ait songé à une trinité : les Hindous auraient pu s'inspirer des trinités bouddhiques et même des trinités égyptienne ou chrétienne. Toutefois, ce n'est que dans l'iconographie moderne que le dogme de la trinité se trouve exprimé d'une façon très nette comme nous venons de le voir (1).

Dans l'iconographie hindouïste on représente quelquefois Siva avec trois visages (Trimukha) tel qu'il était dans la forêt de Darouka près de Maïvaram.

Plus souvent le Dieu a cinq visages (Pañca-mukha).

C'est, très probablement, à tort que l'on a donné le nom de « Trimourti cave » aux trois cellules qu'on trouve au nord du groupe de Mavalipuram. Nous avons dit précédemment que la cellule septentrionale ne contient pas, comme on le prétend, l'image de Brahmâ, et nous pensons plutôt que la sculpture représente Soubramaniar. Nous croyons en effet, pouvoir affirmer que Brahmâ est toujours représenté avec trois visages. Or, l'image en question n'a qu'une seule tête et elle est à peu près semblable à celle d'une cave de Tri-

(1) On ne voit jamais dans les temples anciens un seul Dieu à trois têtes représentant Vichnou, Siva et Brahmâ. Dans la cave d Eléphanta il existe une colossale image d'un Dieu à trois visages qui est très connu sous le nom de Trimourti.

Quelques auteurs (par exemple Langlès) ont douté du bien fondé de cette interprétation ; mais comme cette image est un peu dégradée, il serait difficile de se prononcer.

Le doute n'est plus permis, si au lieu de se borner à la cave d'Eléphanta, on étudie l'iconographie des caves d'Ellora. On y retrouvera cette même image en plusieurs endroits, notamment au sanctuaire de la partie du Kaïlâsa appelée Lankeçvara. En examinant ces sculptures mieux conservées, on pourra s'assurer que le sujet représente un Siva à trois visages. Il est possible que le Dieu est considéré ici comme créateur, conservateur et destructeur ; en tous cas, il ne porte aucun des insignes de Vichnou et de Brahmâ, mais seulement ceux de Siva.

Il est probable que cette image était à la mode dans la région de Bombay au IXe siècle.

chinopoly que nous avons cru devoir identifier avec Soubramaniar.

Brahmam. — La légende suivante prouve la supériorité de Siva :

Brahmâ et Vichnou prétendaient, chacun de son côté, être le plus grand des Dieux. Pour le prouver, ils essayèrent d'abattre une colonne gigantesque.

Brahmâ s'élevant dans les airs, essaya d'atteindre le sommet de la colonne, tandis que Vichnou, prenant la forme d'un sanglier, creusa le sol pour ébranler la base. Leurs efforts

Fig. 4. — Bramham (Siva à Tirouvannamalai).

restèrent vains. Tout à coup la colonne s'entr'ouvrit, Siva apparut dans toute sa gloire. Vichnou et Brahmâ reconnurent sa divinité et ils l'adorèrent (fig. 4).

L'événement illustre qui est le sujet de cette légende est commémoré tous les ans, le jour du Natchétron du mois de Cartigué (Octobre-Novembre), par la fête de Paor-Nomi.

On affirme qu'il eut lieu à Tirouvannamalai où l'image de Siva apparaissant au milieu de la colonne flamboyante est l'objet d'un culte spécial.

Tous les ans, à l'époque de la fête, on allume un grand feu au sommet de la montagne, en l'honneur de Celui qui porte les noms d'Aunâmalainâtha et d'Arunâchalanêsa, le Dieu de la montagne rouge (Tirouvannâmalai). Les pèlerins versent du mantègue (huile) dans un grand vase de cuivre ; un énorme rouleau de toile sert de mèche à cette gigantesque lampe.

Historique. — On trouve ce sujet représenté deux fois dans le temple de Kaïlâsanâtha à Kâñchîpuram (VIIIe siècle) (Pl. V, A) (1).

Cette même image occupe une niche du grand vimâna de Tanjore, côté du nord. Brahmâ y est représenté volant avec des ailes.

La colonne est une colonne de feu, car dans toutes ces images, le sculpteur n'oublie jamais de l'orner de flammes.

On trouve aussi ce sujet représenté sur le Sudara Pandya gôpuram (XIVe siècle) de Jambukeçvara (t. I, Pl. XXXVII, B).

Baïravar (le redoutable) (sanscrit : Bhairava) — Selon une

(1) Dans la cave « des Avatârs » à Ellora (VIe siècle) se trouve un grand bas-relief représentant Siva apparaissant au milieu de la colonne, que quelques auteurs (par exemple Langlès, *Monuments de l'Hindoustan*) ont confondu avec Narasiṁha sortant de la colonne. La scène est représentée d'une manière à peu près identique à celle de l'iconographie moderne. Le même sujet est sculpté sur le Kaïlâsa (VIIIe siècle) d'Ellora.

autre légende, Brahmâ et Vichnou se disputaient au sujet de leur supériorité. Siva apparut sous la forme de Baïravar ; il trancha l'une des 5 têtes de Brahmâ et donna un coup de trident (sulam) au front de Vichnou. Des gouttes de sang jaillirent. Baïravar fit boire ce sang par la tête de Brahmâ qu'il venait de couper (1).

Baïravar est accompagné d'un chien. Ce chien serait une incarnation de Coundôdarène (celui qui porte le parasol de Siva). Il but le sang qui tomba sur le sol.

Baïravar est digambara (vêtu d'air), c'est-à-dire nu : il ne

Fig. 5. — Baïravar.

porte même pas le pagne appelé langouti. Il tient d'une

(1) On ajoute qu'il plaça ensuite la tête de Brahmâ dans sa chevelure.

main une écuelle faite avec le crâne de Brahmâ et appelée cabalam (du sanscrit kapâla), d'une autre, le sulam ; des autres mains, le tambour (oudoukaï) et la corde (pacham). Son foulard (vastram) est une guirlande de crânes (fig. 5).

Il se distingue de Bitchandi, dont nous parlerons plus loin, parce qu'il ne porte pas de sabots, pâdaratchaï (du sanscrit pâdaraṣka).

Historique. — Baïravar est représenté sur le Dharmarâja ratha de Mavalipuram (VIIe siècle).

Dans le temple de Kaïlâsanâtha à Kñchîpuram (VIIIe siècle), un bas-relief représente Siva coupant la 5e tête de Brahmâ (Rea, *Pallava Architecture*, pl. XXXIV, figure de gauche).

On voit cette image sur le gôpuram de l'est à Chidambaram (XIIIe siècle) (voir Pl. V, B). Enfin, elle est très fréquemment représentée de nos jours.

Hari-Hara. — Siva et Vichnou sont quelquefois représentés réunis en une seule personne. Le côté droit (à gauche de l'observateur) de couleur blanche, représente Siva (Hara), le côté gauche, peint en bleu, représente Vichnou (Hari).

Historique (1). — Une des sculptures du Dharmarâja ratha à Mavalipuram (VIIe siècle) représente probablement Hari-Hara (Pl. VI, B).

Une statue de Hari-Hara occupe la niche la plus méridionale de la face ouest de la base du grand vimâna de Tanjore. Hari-Hara est encore adoré de nos jours, mais il est très rarement représenté.

(1) Cette forme de la divinité était connue au VIe siècle. On trouve une image de Hari-Hara à Bâdâmi, dans la cave n° 1 (Pl. VI, A) et dans la cave n° 3 qui porte une inscription datée de 578).

Nadeça (*maître de danse*), **Nadarâja** (*roi de la danse*) (1).

Siva est très fréquemment représenté dansant le « tândava ». La légende suivante en donne la raison :

Siva et Kâlî (son épouse) se querellèrent un jour au sujet de leur talent dans l'art de la danse, chacun d'eux prétendant qu'il dansait mieux que l'autre. Ils prirent Vichnou pour arbitre. Kâlî imitait si parfaitement les gestes de son époux que Vichnou ne distinguait aucune différence, et se trouvait dans l'impossibilité de se prononcer. Mais Siva eut recours à un stratagème : il leva la jambe bien plus haut que la pudeur ne pouvait le permettre à une femme. Kâlî n'osa l'imiter, et Siva fut déclaré vainqueur.

De nos jours, Siva dansant le « tâṇdava » est représenté de plusieurs manières. On voit quelquefois le Dieu dans un mouvement désordonné levant une jambe jusqu'à la hauteur de la tête. Mais l'image la plus universellement répandue dans le Sud de l'Inde, c'est celle qui est adorée à Chidambaram (Pl. VII).

La particularité de cette image est la position de la jambe (kâl) et du bras gauches, qui sont lancés presque horizontalement de l'autre côté.

Le Dieu danse de nos jours au milieu d'un « tirouatchi » presque circulaire, et orné (comme tous les tirouatchis) de motifs ressemblant à des flammes.

Le Dieu a les cheveux épars et décorés du croissant de la lune. La figure de Ganga apparaît au milieu de la touffe de nattes (jaṭâ) relevées sur la tête.

Des quatre bras, le bras droit d'arrière porte le tambour (oudoukaï) orné de serpents ; la seconde main droite est levée, l'extrémité des doigts dirigée vers le haut dans la position appelée abhaya-hastam. L'un des bras gauches tient une écuelle contenant le feu sacré (ti) et l'autre bras gauche est porté en avant.

(1) Appelé aussi Nadeçvara, Dieu de la danse.
Nadeça vient du sanscrit Naṭeça ; Nadarâja du sanscrit Naṭarâja.

Nadarâja (Siva dansant). Image moderne.

A. Siva dansant (cave « Rameçvaram » à Ellora, VIe siècle).

B. Siva écorchant l'éléphant (cave « Dhumar Lena » à Ellora, IXe siècle).

Le Dieu est vêtu d'une peau de tigre.

Ses foulards (ouroumalé, vastéran) sont faits de serpents et de têtes humaines (muṇḍa-màlà). Il a le pied gauche levé et le pied droit est posé sur un géant (asura) appelé « Assamandja » ou Vyâdhi (le roi des maladies) qui est à plat ventre, terrassé par le Dieu, et tient à la main un serpent. L'antilope (mâne) saute à son côté.

Des Gandrouvers (Gandharvas) volent dans l'air, tandis que des musiciens (Kinnaras) forment tout un orchestre pour la danse du Dieu. Les uns frappent sur des tambours (dole), frappés avec la main ou des tambourins (nagar) frappés avec des baguettes ; d'autres musiciens jouent de la musette (tourti), des cymbales (talam), et toutes sortes d'instruments du genre de la clarinette (nagassaran, otou) ou du cor (bouri, combou, toutaré, carna, pilancojel).

A la gauche du Dieu, se tient Bhadra-Kàlî, son épouse, et à sa droite Vichnou constate la supériorité de Siva sur Kàlî dans l'art de la danse, et bat du tambour.

Autour de Siva, ses adorateurs dont nous parlerons plus loin : Pandanjéli, le Dieu à corps de serpent ; Viagrapadar, le tigre-pied ; Nandiguessourer, à tête de bœuf ; Bringui, aux trois jambes ; Koundôdara ; les grands docteurs sivaïtes : Appar, Mânikiavâtchakâ, Sambandar, Soundarar. Enfin, les brahmes appartenant à la très belle et très illustre caste des Dikshitars, vouée spécialement au culte de Chidambaramûrti (Nadésa).

Il n'y a pas dans toute l'Inde du Sud, de sanctuaire plus vénéré que celui de Chidambaram, et des pèlerins innombrables y viennent porter leurs offrandes.

A Madura, à Srirangam, les brahmes interdisent l'accès des enceintes centrales. Il n'en est pas ainsi à Chidambaram : on peut pénétrer jusqu'auprès du célèbre « Sabha », le « Kanaka », le temple d'or, et apercevoir à quelques mètres de soi la statue de Sabapathi (Nadaràja), Dieu de Tillaï.

La fête de Chidambaram a lieu au mois de Màrgaji (décembre-janvier), d'où son nom de Màrgaji-Tirumanjana (procession de Màrgaji).

Historique. — Des statues de Siva dansant à la manière de Chidambaram se trouvent dans des niches des vimânas de Tanjore et de Gangaïcondapuram. Elles occupent dans ces deux temples la niche la plus occidentale de la façade méridionale du vimâna.

Cette pose spéciale est donc connue depuis le commencement du XIe siècle, sur les rives de la Caveri et du Couleroun. Dans ces images anciennes, le geste est sensiblement plus élégant que dans l'art moderne.

Nulle part nous n'avons trouvé l'image de Siva dansant à la manière de Chidambaram dans les temples d'Ellora, Badami, Mavalipuram, Kâñchîpuram. Dans tous ces monuments, Siva danse dans toutes les poses, excepté celle de Chidambaram.

A Mavalipuram, Nadésa est représenté au premier étage du Dharmaraja ratha.

A Kâñchîpuram, Siva dansant, mais d'une façon qui n'est pas celle de Chidambaram, se rencontre si fréquemment que nous ne saurions indiquer tous les endroits où on le voit (par exemple A. Rea, *Pallava Architecture* : dans le temple de Kaïlâsanatha : pl. XXVIII, pl. XXXVIII, pl. XL, fig. 2, pl. LI, fig. 1, pl. CXXIII, fig. 3, etc., et temple de Tripurankesvara, pl. CIX, fig. 1) (1).

Yânaiouritône (Paramassivam écorchant l'éléphant).

On voit souvent, dans l'art moderne, Siva au milieu de la

(1) A Badami, Nadésa est représenté à droite de la façade de la cave n° 1. A Ellora ce sujet se trouve dans toutes les caves brahmaniques. La figure B, pl. VIII, représente Siva dansant dans la cave « Rameçvaram ». Nadésa est aussi représenté dans la cave brahmanique d'Aïwoli près de Pattadakal.

A. Bitchandi à Chidambaram (XIIIe siècle).

B. Siva sur son char dans la cave « dâs avatâras » à Ellora (VIe siècle).

Dakshinamourti (image moderne.

peau d'un éléphant, le pied posé sur la tête du pachyderme (fig. 6).

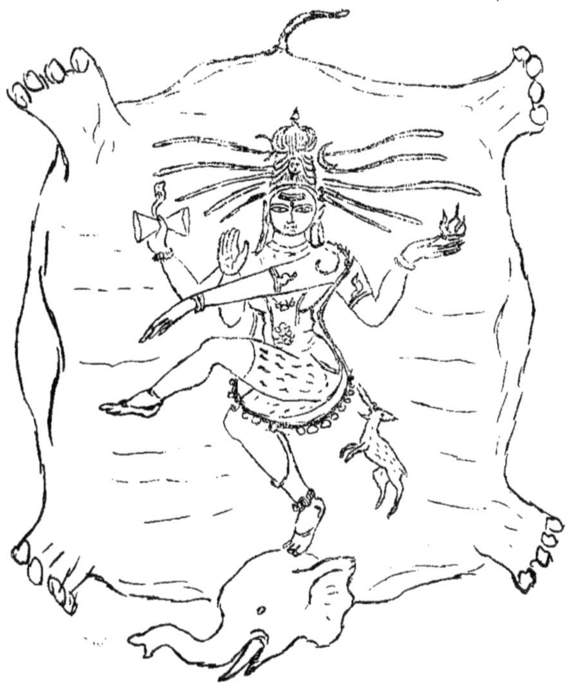

Fig. 6. — Yânaiouritone (Siva dans la peau de l'éléphant).

Un géant ayant pris la forme d'un éléphant (sanscrit : gaja) poursuivait des adorateurs de Siva. Celui-ci l'éventra, transperça le géant avec son soulam et se fit un vêtement de la peau de l'éléphant.

Historique. — On trouve ce sujet représenté dans les temples de Kaïlâsanatha et de Muktesvara à Kañchîpuram (Rea, *Pallava Architecture*, pl. CXXIII, fig. 1 et pl. CV à droite) (1).

Bitchandi. — C'est le nom de Siva mendiant. Lorsqu'il eut,

(1) A Ellora, il se rencontre partout. La fig. B, pl. VIII, représente un grand bas-relief à gauche de l'entrée de la cave « Doumar-Lena ». Siva transperce le géant en écorchant l'éléphant.

sous la forme de Baïravar, coupé la tête de Brahmâ, il fut pris de folie, et, sous la forme d'un « andi », il se mit à mendier dans le monde entier. C'est sous cette forme qu'il alla dans la forêt de Târougavanam et qu'il séduisit les femmes des richis qui envoyèrent contre lui le tigre, l'antilope et la hache incandescente.

Bitchandi, est toujours accompagné de l'antilope (mâne) qui saute près de sa main droite. De la main gauche il tient un soulam qui est appuyé sur son épaule. Des autres mains, il tient le tambour (oudoukaï) et l'écuelle du mendiant (cabalam, du sanscrit kapâla).

Il est nu (digambara, vêtu d'air), et il est chaussé de sabots en bois que portent les religieux et qu'on appelle pâdarakṣa. Ils sont retenus aux pieds par une cheville appelée kamil et qui passe entre les orteils.

Historique.— Siva mendiant est représenté sur le Dharmarâja ratha à Mavalipuram (VIIe siècle). Sur le temple de Kaïlasânâtha à Kañchîpuram on le voit souvent au milieu des femmes des richis de la forêt de Taruka (voir par exemple : A. Rea, *Pallava Architecture*, pl. LXI et XLVI, fig. 1).

La figure B, Pl. IX, le montre sur le gôpuram de l'est à Chidambaram.

Siva sur son char (Tripurasamhari). — Siva est quelquefois représenté debout sur un char conduit par Brahmâ. Le Dieu qui a pour arme Pinâka (1) lance des flèches contre la ville de Tripuram où s'étaient réfugiés trois géants.

Historique. — Ce sujet est deux fois répété dans le temple de Kaïlâsanâtha à Kañchîpuram (A. Rea, *Pallava Architecture*, pl. XXXIII, fig. 6 et pl. XXXIX, fig. 1). Il est rare de nos jours (2).

(1) Pinâka est le nom de l'arc de Siva. Aussi le Dieu est-il appelé Pinâkapâni (Celui qui porte Pinâka).

(2) On trouve ce sujet représenté trois fois à Ellora, deux fois dans le Kaïlassa et une fois dans la cave « des avatârs » où il constitue un grand bas-relief, le dernier à droite au fond de la cave (Pl. XI, B).

A. — Dakshinamourti dans le temple Pallava de Kaïlâsanâtha à Kañchipuram (VIIIe siècle).

B. — Gangadaram (Siva faisant sortir de sa chevelure la déesse Ganga)
Cave à Trichinopoly (VIIe siècle).

Siva (monté sur Nandi). Image moderne.

Plusieurs auteurs ont confondu Siva bandant son arc avec Râma ou Arjuna.

Dakshinâmûrti. — La planche X représente Siva sous la forme de Dakshinâmourti (sanscrit : Dakṣiṇâmûrti). Celui qui est appelé Mahâ Yôgi (le grand ascète) est assis sur une peau de tigre dans la pose appelée « Yôgâsana », c'est-à-dire à la manière des Yôgis, sous un arbre Vannimaram qui croît au sommet d'un tertre. Une sorte de ceinture (angostram ou Bahu paddaï) retient son genou. Son abondante chevelure tombe sur ses épaules. Comme un « guru » il prêche sa doctrine aux disciples réunis autour de lui (1).

Historique. — Cette image est, à notre avis, très intéressante à cause de ses ressemblances incontestables avec la

(1) Dans le Bhâgavata Purâna (traduction de Burnouf), L. IV, chap. VI, on trouve le récit suivant :

« 31. Les dieux aperçurent un figuier...

« 32. Il avait cent Yôdjanas de haut, ses rameaux en avaient soixante « et quinze de large ; il projetait autour de lui une ombre immobile ; « il n'était l'asile d'aucun nid et n'était jamais atteint par la chaleur.

« 33. Sous cet arbre, né de la grande contemplation du Yôga, et qui « est le refuge de ceux qui désirent le salut, les Suras virent Siva assis « et semblable au Dieu de la mort qui aurait déposé sa colère.

« 34. Il se montrait dans son apparence paisible, servi par Nandana « et par d'autres grands Siddhas, calmes comme lui-même, et il avait « assis à ses côtés son ami (Kuvêra), le chef des Gudhyakas et des « Rakchas.

« 35. Le Seigneur suprême, marchant dans la voie de la science et des « austérités du Yôga, accomplissait, dans son affection pour l'univers « qu'il aime, le salut des mondes.

« 36. Il portait le Linga recherché des pénitents, un bâton, des cen- « dres, une épaisse touffe de cheveux, une peau d'antilope et le disque « de la lune, son corps était de la couleur de la chaux rouge.

« 37. Il était assis sur le siège des ascètes, siège fait de l herbe Darbha ; « et il expliquait à Nârada qui l'avait interrogé, le Vêda éternel, pendant « que les sages écoutaient.

« 38. Il avait placé sur sa cuisse droite le lotus de son pied gauche, « sur son genou (gauche) son bras (gauche) et sur la partie antérieure « de son bras (droit) son chapelet ; sa main droite faisait (le geste « appelé) le Sceau du raisonnement. »

première prédication du Bouddha devant les cinq premiers disciples.

Dans les images anciennes du temple de Kaïlâsanatha (VIIIe siècle) à Kañchîpuram (Pl. XI.A), et du temple de Koranganatha à Srinivasanalur (xe siècle) (T. I, *Architecture*, Pl. XXX, A), on voit toujours des biches aux pieds du Dieu. La présence de ces biches ne peut s'expliquer que d'une manière : la première prédication du Bouddha eut lieu dans le parc des biches ; ces animaux représentés par les Bouddhistes ont subsisté dans les anciennes images représentant Dakshinâmûrti. Mais il n'y avait aucune raison de représenter des biches aux pieds de Siva ; aussi de nos jours, elles ont totalement disparu (1).

Gangadaram. — Dans les temples Pallavas on rencontre fréquemment des bas-reliefs représentant Siva faisant sortir le Gange de sa chevelure. Le Dieu tient à la main une tresse de cheveux ; la déesse Ganga, dont le corps est pareil à celui d'une sirène, apparaît, les mains jointes. Ce sujet est celui de l'unique bas-relief que l'on trouve dans une des deux caves de Trichinopoly (celle qui porte des inscriptions) (VIIe siècle).

On le voit très souvent dans le temple de Kaïlâsanâtha à Kañchîpuram (VIIIe siècle) (voir A. Rea, *Pallava Architecture*, Kaïlâsanatha, plate LIX, LVII, XLIV, fig. 2, et CXXIII, fig. 2. Muktesvara Temple, plate CIV et XCVII, fig. 2) (2).

Mais l'intérêt de cette image réside dans ce fait que, très répandue dans les sculptures anciennes, elle est tout à fait inconnue des artistes modernes.

Siva et Pârvatî montés sur le bœuf. —Au contraire, jamais on ne voit sur les temples anciens Siva et Pârvatî montés sur

(1) Il existe dans le Kaïlâsa d'Ellora un grand bas-relief (celui qui fait vis-à-vis à Siva se vêtissant de la peau de l'éléphant) de Dakchinâmourti, dont la ressemblance avec l'image de Bouddha est frappante).

(2) Ce sujet se trouve aussi dans le Kaïlâsa d'Ellora, et une fois sur le vimâna de Tanjore (xe siècle).

un bœuf ; or c'est, de nos jours, une des images les plus fréquemment répétées.

Ce bœuf blanc, la monture ou « vâhana » de Siva est, selon la légende, Dharmadéva, dieu de la vertu. Mais il est généralement appelé Nandi. La planche XII représente ce sujet ; de chaque côté du groupe divin des brahmes offrent des fruits ou des parfums et portent des bannières d'un genre spécial appelées « alavatomes ».

Sumaskanda. — On représente encore de nos jours (Pl. XIII, A) Siva avec Pârvatî (Ouma) et un petit enfant, Soubramaniar (Skanda).

Historique. — Soumascanda ne se rencontre nulle part dans les caves d'Ellora et de Bâdâmi, mais par contre cette image est le grand leit-motiv de l'iconographie des Pallavas. Elle est si souvent répétée dans le temple de Kaïlâsanatha à Kañchîpuram qu'il est inutile d'en faire le recensement, il suffit de dire que les reproductions de ce dessin y sont innombrables. Il semble que ce motif représente la partie essentielle du sivaïsme des Pallavas vers 700, car cette image se trouve ordinairement devant le Lingam, sur le mur qui forme le fond du sanctuaire (voir (Pl. I, A).

Siva et Pârvâtî portant Soubramaniar sur ses genoux sont assis sur un banc ; l'attitude de la divine famille est pleine de calme et de noblesse. Le bras gauche de Siva est posé comme celui de Bouddha méditant : les autres bras ne tiennent d'autres insignes que des serpents. Vichnou et Brahmâ, l'un à droite, l'autre à gauche, se tiennent des deux côtés et en arrière de Siva (Pl. XIII, B).

Râvaṇa au-dessous du Kaïlâsa. — Le paradis de Siva est une montagne blanche (d'où le nom de Rajatâdri, montagne d'argent), c'est là que Kaïlaiyâli (le Dieu du Kaïlâsa) habite avec son épouse, ses enfants, ses adorateurs et la troupe des Gaṇas (le Kaïlâsa est appelé Gaṇaparvata, la montagne des Gaṇas). A l'entrée du Pudu Mandapam de Madura on voit une très belle statue représentant le géant Râvaṇa au-dessous du Kaïlâsa. Voici l'explication que les sculpteurs modernes du pays tamoul donnent de ce sujet :

Le pieux Râvaṇa, afin de se rapprocher de Siva, eut le désir de faire venir le Kaïlâsa auprès de lui. Dans ce but, il pria longtemps mais vainement ; et puisque la montagne ne venait pas à lui, il résolut d'aller vers la montagne, et de la rapporter chez lui. Comme il commençait à soulever le Kaïlâsa, Pârvatî remarqua que la montagne s'ébranlait et elle avertit son mari. Alors Siva appuyant son pied sur le Kaïlâsa, lui rendit son équilibre. Râvaṇa, qui était au-dessous, demeura prisonnier, et craignant d'avoir offensé Dieu, il resta immobile et se mit à prier. Alors Siva le délivra, lui donna l'épée « ayoudam » et le combla de bénédictions (1).

Historique. — Ce sujet ne se voit nulle part dans les rathas et les caves de Mavalipuram et de Trichinopoly. Mais il existe en bas-relief sur la face nord du petit temple (moins ancien que les rathas) qui se trouvent au sommet des rochers de Mavalipuram à côté du phare, au-dessus de la cave de Dourgâ.

On le trouve à Kañchîpuram dans le temple de Kaïlâsanâtha (A. Rea, *Pallava Architecture*, plate CXXIII, fig. 5, et celui de Tripurânkêsvara (plate CIX, fig. 2) (2).

Le géant qui est au-dessous du Kaïlâsa est toujours repré-

(1) En dehors du Sud de l'Inde la légende est sensiblement différente. Nous empruntons à M. Cœdès le passage suivant :

« Un jour, parcourant le Garavana sur son char merveilleux, Râvaṇa « vit subitement le Puspaka s'arrêter, car il était arrivé au pied d'une « montagne sur laquelle Siva prenait ses ébats. Irrité, le Râkshasa saisit « le mont dans ses bras et secoua le roc. A cet ébranlement, les Gaṇas « tremblèrent et Pârvatî embrassa Maheçvara.

« Alors Mahâdeva, le premier des Dieux, de son orteil écrasa le mont comme en se jouant ; et il écrasa en même temps les bras de Râvaṇa. »

(2) A Ellora c'est un des sujets les plus fréquemment répétés. On le trouve dans toutes les caves brahmaniques : Cendres de Râvaṇa, Kaïlâsa, Ramesvaram, Doumar-Léna. Le bas-relief de cette dernière cave (Pl. XIV, A), situé à droite en entrant, est un des plus grands et des plus beaux d'Ellora.

senté avec dix têtes et vingt bras ; dans les bas-reliefs anciens il est vu de dos.

§ 2. — Pârvatî.

Pârvatî-Kalyâṇa. — Le mariage de Siva et de Pârvatî est fréquemment représenté de nos jours. La fig. B, Pl. XIV montre le mariage de Pârvatî sous la forme de Minakchi (la déesse aux yeux de poisson), divinité protectrice de Madûra.

On commémore le mariage de Siva et de Pârvatî par la fête de Tiru-Kalyâna (le divin mariage).

Historique. — Ce sujet se trouve dans le Kaïlâsanâtha de Kañchîpuram (VIIIe siècle) (A. Rea, *Pallava Architecture*, plate XLII, fig. 2) (1).

Ardhanârîsouara ou Parâñgadâ. — Siva et Pârvatî se trouvent quelquefois réunis sous la forme d'une même divinité androgine. La partie de droite de la divinité (qui est à la gauche de l'observateur) représente Siva et la partie gauche Pârvatî. C'est Siva, femme (nârî) à moitié (ardha). Cette divinité est facile à reconnaître : du côté mâle on voit la hache ou le tambour (oudoukaï), des serpents ; du côté femelle, la poitrine est proéminente, la taille est amincie, les hanches sont élargies et couvertes d'un pagne (podévè), la main porte une fleur, le bras et le pied sont ornés de bracelets.

Historique (2). — Ardha-nari se trouve à Mavalipuram sur le

(1) Il est surtout représenté à Ellora ; on le trouve sculpté en grands hauts-reliefs dans toutes les caves brahmaniques.

Le dieu et la déesse se tiennent par la main, et Brahmâ, le Dieu brahme, verse l'eau lustrale pour la consécration en présence de toutes les autres divinités.

(2) Cette image est peut-être la plus anciennement connue si on s'en rapporte à l'histoire de l'ambassadeur hindou à Bardisanes (220 après J.-C environ) qui décrivit une cave du nord de l'Inde contenant une image d'un Dieu moitié homme. moitié femme (Stoboeus, *Physique*, Gaisford, éd., p. 54, et Priaulx, *l'Inde et Rome*, p. 153).

Elle constitue un grand bas-relief dans la cave n° 1 à Bâdâmi (Pl. III, B).

Dharmarâja Ratha au rez-de-chaussée, à droite de la façade est (fig. 7) ; et à Tanjore (dernière niche à droite de la façade ouest). Assez rare de nos jours.

Fig. 7. — Ardhanari à Mavalipuram (VIIe siècle).

Pârvatî (1). — C'est l'épouse de Siva (qui porte le nom de Pârvatîkojunan, l'époux de Pârvatî) et la fille de Takène (Dakṣa) (2).

(1) « La montagnarde », appelée aussi Oumeï (du sanscrit Umâ), Tèvî (du sanscrit Devî, la déesse), Ammeï (mère), Çakti (énergie), Gaouri (la fille), Kâmâkṣî (dont les regards sont amoureux), Minâkshî (aux yeux de poisson).

(2) Bhâgavata Purâṇa, liv. IV, traduction de Burnouf. « Chap. I. 47. « Dakcha, fils d'Adja, épousa Prasûti, fille de Manu (Svâyambhuva) ; « Dakcha en eut seize filles aux beaux yeux.

« 48. Dakcha en donna treize à Dharma, une à Agni, une aux Pi-

A. Sumascanda. Image moderne.

B. Sumascanda (Pallava, VIIe siècle).

A. Râvana au-dessous de Kaïlâsa. Bas-relief dans la cave Dhumar-Lênâ à Ellora (IXe siècle).

B. Minakchi-Kalyâna. Mariage de Siva et de Minakchi (image moderne).

Elle est représentée, tantôt avec deux bras et tenant, à la main droite, une fleur appelée Sengarhunirppû, tantôt avec quatre bras et portant les insignes sivaïtes « pâcham » et « ankoucham » (fig. 8).

Fig. 8. — Pârvatî.

Plusieurs fêtes sont consacrées à Pârvatî : celle de Quédaravourdon, celle de Pangoumioutron, et celle d'Addi Pouron, célébrée dans les temples de Siva au Natchétron, appelé Pouron du mois d'Addi (juillet).

« tris réunis, et la dernière à Bhava.

« 64. Satî, femme de Bhava, quoique dévouée à son divin époux, n'en « put avoir un fils, son égal en vertu.

« 65. Car Dakchna son père, irrité contre Bhava (Siva), lui avant fait, « dans sa colère, un affront que ce dernier ne méritait pas, Satî, qui « n'était mariée que depuis peu de temps, abandonna elle-même son « propre corps en s'anéantissant dans le Yôga. »

Pârvatî est identifiée avec un grand nombre de divinités féminines, en particulier Kâlî, Ellama, Châmoundi, etc...(1).

Kâlî (**la noire**) **ou Châmoundi.** — Cette déesse, qui est appelée Durgâ (forteresse inaccessible) dans le nord de l'Inde, est connue en sa qualité de Mahiṣa Mardinî (victorieuse du géant Mahiṣa).

Elle est identifiée avec Pârvatî.

Selon la légende Vichnou lui prêta ses armes, le coquillage Sankha et le disque Chakram pour combattre Mahichâsura. Aussi la représente-t-on avec ses insignes, et c'est même la seule divinité féminine qui porte Sankha et Chakram (Lakchmî, épouse de Vichnou ne porte jamais les insignes de ce Dieu) ; ces emblèmes sont donc un caractère distinctif de Châmundi (2).

Châmundi était montée sur un lion lorsqu'elle combattit

(1) Dans les caves brahmaniques situées au nord de la Pennar, on rencontre fréquemment des séries de « Mères » rangées entre Siva et Pouléar, ou Bringui. Ces déesses portent un petit enfant sur les bras et tiennent les insignes des principales divinités brahmaniques. Ces mères sont : Mahiswari, Brahmani, Indrani, Koumari, Varahi, etc. A leurs pieds se trouvent les montures (vahans) des Dieux respectifs.

Ces statues se trouvent dans la cave brahmanique d'Aïwoli (près de Pattadakal), à Ellora dans les caves « Cendres de Râvaṇa » et « Ramesvaram » à l'entrée et à gauche de la cave n° 22.

Dans les caves bouddhiques d'Ellora, on voit des séries de divinités féminines correspondant chacune à un Bouddha. Les brahmaniques ont donc probablement imité en cela des bouddhistes.

On ne trouve rien de pareil dans le sud de l'Inde.

(2) On lit dans l'ouvrage de M. Burgess : *The cave temples of India*, les phrases suivantes :

Page 117 :

« At the back (du Draupadi Ratha) is a statue of Lakshmî, the consort of Vishnu standing on a lotus, four-armed, and bearing the Chakra and other emblems in her hand. »

Page 151, au sujet d'une image sculptée dans la cave de Varâha :

« It may rather be considered as a representation of Durga ; though the Sankha and discus rather belong to Lakshmî. »

L'auteur de ces lignes semble ignorer que c'est Durga (Châmundi) et non pas Lakshmî qui porte les insignes Sankha et Chakram.

Mahicha, et ce dernier avait une tête de buffle. Aussi représente-t-on Châmundi montée sur un lion (simha) et transperçant avec le « Soulam » le géant à tête de buffle. Des flammes paraissent derrière sa tête et deux dents aiguës sortent des commissures des lèvres. Elle a une dizaine de bras qui brandissent une hache (paraçu), une massue (gadâ), un sabre (khadga), un arc, un bouclier, une clochette (ghaṇṭâ), enfin le coquillage « sankha » et le disque « cakram » (Pl. XV, A). On la voit aussi debout sur la tête de buffle de Mahicha.

Historique. — L'image de Kâlî est une de celles que l'on rencontre le plus fréquemment dans les temples Pallavas. Parmi les rathas des Sept Pagodes, le plus septentrional du groupe auquel on a donné à tort le nom de Draupadî est consacré à Châmoundi qui est représentée partout : dans le sanctuaire et sur les façades, notamment sur la façade de l'Est où Kâlî se tient debout sur la tête de buffle. Cette image est identique à celle qui est sculptée sur la façade de la cave de la Trimourti (Pl. XVI, A). Un bas-relief représentant Kâlî se trouve aussi dans la cave vichnouïte de Varâga. Enfin, la cave près du phare, appelée à tort « Yamapouri » (parce qu'on a confondu Mahiṣasura avec Yama), contient le bas-relief si justement célèbre qui représente le combat de Kâlî (Pl. XV, B). La déesse n'a pas cet air de férocité qu'on lui donne dans l'iconographie moderne ; au contraire son visage est serein, son corps est gracieux.

Les représentations de Kâlî sont multiples dans le temple de Kaïlâsanâtha à Kañchîpuram (A. Rea, *Pallava Architecture*, plate LVI et XXXIX).

Dans toutes ces anciennes images Châmoundi porte les deux insignes de Vichnou : « sankha » et « chakram ». La figure A, Pl. XXXVIII du tome I, montre une image de Kâlî à l'époque Paṇḍya.

(1) A Ellora le combat de Kâli se voit aussi dans la cour Kaïlâsa à gauche en entrant.

De nos jours elle est considérée comme une Grâma-dêvatâ (divinité de village) ; elle est vénérée spécialement par les « Soureurs » ; les marchands de « Kallou » (jus de palmier) ornent le fond de leur boutique avec l'image de Kâlî.

§ 3. — Poulléar.

Les plus illustres fils de Siva et de Pârvatî sont Poulléar, l'aîné (Munnôn) et Soubramaniar, le cadet, qui sont fréquemment représentés aux côtés de leur père : Poulléar à la droite du Dieu, Soubramaniar à sa gauche. Le troisième fils de Siva est Vîrabhadra.

Le nom de Poulléar, qui est une corruption du mot tamoul Pilléyâr (le Fils), désigne le Dieu plus connu dans l'Inde par les épithètes de Ganésa (sanscrit Gaṇeça, de gaṇa, troupe ; iça, chef) et de Gaṇapati, en sa qualité de conducteur de la troupe des Gaṇas (petits génies du Kaïlâsa).

Dieu de la prudence et de la sagesse, son pouvoir est très grand pour triompher des difficultés.

Aussi est-il l'objet d'un culte fervent sous les noms de Vighneçvara et de Vinâyaka, c'est-à-dire « vainqueur des difficultés ».

Le caractère distinctif de Poulléar, c'est qu'il est représenté avec une tête d'éléphant sur un corps humain. Aussi est-il surnommé Anaimukavan (du mot tamoul « anai » qui signifie éléphant), Gajamukha, Gajanana (du mot sanscrit gaja, éléphant) et Tumbikkaiyan, celui qui a une trompe (du mot tamoul tumbikaï, trompe). On explique cette particularité de plusieurs manières :

Pârvatî, au bain, eut envie d'avoir un fils ; une sueur couvrit son corps, et au moment où elle l'essuyait elle trouva un enfant dans le creux de sa main. Siva étonné lui demanda : « Quel est cet enfant ? » « Pillai âr » ? Les Dévas vinrent lui rendre hommage à sa naissance. Sani, le génie de la planète Saturne, dont les regards réduisent en cendres tout ce qu'ils

A. Châmoundi (image moderne).

B. Combat de Châmoundi et du géant Mahichasura à Mavalipuram (VIIe siècle).

Chamoundi debout sur la tete de Mahicha (VIIe siècle).

B. — Pouléar a Vallam (VII siècle).

atteignent, restait en arrière et la tête baissée. Pârvatî prenant sa réserve pour une insulte lui fit des reproches ; enfin poussé à bout il regarda Poulléar dont la tête fut réduite en cendres. Pour consoler Pârvatî, Siva ordonna à Sani de couper la tête du premier être vivant couché du côté du Nord.

Fig. 9. — Poulléar.

Cet animal étant un éléphant, on adapta cette tête sur le corps de l'enfant.

Suivant une autre légende, Siva et Pârvatî virent deux éléphants prenant leurs ébats dans une forêt ; ils eurent l'idée de les imiter, et le fils qu'ils avaient conçu dans cette circonstance naquit avec une tête d'éléphant.

On commémore l'anniversaire de sa naissance par la fête de Pillaiyâr-Chaturtti (quatrième jour après la nouvelle lune de chaque mois, mais plus spécialement du mois d'Avani) (août-septembre).

L'exploit de Poulléar est d'avoir combattu le géant Guedjé-Mougâchoura (Gajamukhâsura) le démon à tête d'éléphant. Ce dernier avait obtenu le privilège de n'être vaincu ni par un animal, ni par un homme, ni par un Dieu, ni par un démon. Poulléar n'étant rien de tout cela, puisque c'est un être mi dieu, mi-éléphant, pouvait seul le combattre victorieusement.

Fig. 10. — Poulléar dansant.

Le géant brisa la défense droite du Dieu, mais celui-ci se servant de sa défense comme d'un javelot transperça Gajamukha qui se transforma en rat (yéli) et devint la monture (vâhana) de Poulléar.

Le Dieu est ordinairement représenté assis (fig. 9), mais quelquefois debout et dansant (fig. 10), et alors il porte le nom de Kuttâdam-Pillaiyâr. Lorsqu'il est monté sur le rat, on l'appelle Akhuratha ou akhuvâhana. Son corps est obèse ; il est blanc sans doute à cause de la cendre de bouse de vache ; un serpent lui sert de ceinture, des grelots sont attachés à sa trompe et à ses oreilles. Il a quatre bras ; d'une main droite il porte l'insigne appelé angoucham (aṅkusa) ; cet emblème n'est pas spécial au Dieu à tête d'éléphant, c'est un insigne sivaïte ; il est porté quelquefois par Siva et presque toujours par Pârvatî. Une des mains gauches tient la corde « pâcham » (pâça). Aussi Poulléar est appelé Angousébachamêndi (celui qui porte angoucham et pacham).

La seconde main droite tient sa défense (en tamoul, tandam, du sanscrit danta) brisée par Gajamukha.

Enfin, la seconde main gauche porte un gâteau blanc fait de farine de riz (arizioundé), car le Dieu est friand de ces gâteaux, d'où son nom de Môdakapriyan.

L'extrémité de la trompe de Poulléar est toujours posée sur ce gâteau de riz.

Historique. — Les images de Poulléar ne sont pas extrêmement nombreuses dans les temples Pallavas. A Mavalipuram il n'y en a pas une seule. A Trichinopoly et à Vallam, il existe deux bas-reliefs sculptés sur des temples monolithes datant du VIIe siècle et représentant ce Dieu. A Trichinopoly une grande image de Poulléar se trouve dans la cave qui est dépourvue d'inscriptions. Il est représenté debout ; des Gaṇas l'entourent. Ses insignes sont peu visibles, car la pierre est effritée et l'un de ses bras est brisé. Il est à côté de Soubramaniar près du sanctuaire de Siva.

A Vallam (Pl. XVI, B), il est assis. Sa trompe est inclinée vers sa droite et non pas vers sa gauche comme de nos jours. Il ne porte pas les insignes modernes « pâcham » et « angoucham » ; il tient quelque chose d'imprécis qui est peut-être sa défense. Dans ces deux images il n'est pas accompagné de son rat (1). D'ailleurs dans les temples du pays tamoul, antérieurs au XIIe siècle, on ne voit jamais les montures « vâhana » des Dieux : ni le paon de Soubramaniar, ni le cygne (haṃsa) de Brahmâ, ni le perroquet de Kâma. — On ne voit jamais les Dieux védiques montés sur leurs animaux respectifs. Le bœuf ne sert jamais de monture à Siva. Seule Kâlî est assise sur le lion (siṃha).

Au contraire les vâhana se voient partout à Ellora c'est donc une mode du nord de l'Inde qui s'est introduite dans le sud vers le XIIe siècle.

§ 4. — Soubramaniar.

Le second fils de Siva est Soubramaniar (2), qui est appelé aussi Souppayen, Skanda, Kumâra (le jeune enfant), Murugan (le fils cadet), Kandassami (Skanda swâmi), etc...

Il fut engendré par Siva pour détruire le géant Sourapatpma.

Ce dernier avait reçu de Siva le pouvoir de régner sur l'univers. Aidé de ses deux frères Singamougassoûrène et Tàragassourène et de sa sœur Assômouguy, ils maltraitèrent les richis. Ceux-ci se plaignirent à Siva, qui ouvrit l'œil qui est au milieu de son front. Il en sortit une flamme appelée Porry qui tomba sur le lac Saravanapoyigaï. Cette flamme se transforma en six enfants qui furent allaités par six femmes de richis (celles-ci furent métamorphosées ensuite en étoiles, les Pleïades). Siva envoya Pàrvatî pour les voir, mais celle-ci voulut les embrasser tous à la fois et aussitôt ils se réunirent

(1) A Ellora, il est fréquemment représenté ; il a pour insignes une hache, une fleur et un pot plein de gâteaux ; là non plus on ne voit jamais son rat. En somme ces images anciennes sont assez différentes des modernes, et personne de nos jours ne consentirait à les adorer.

(2) On donne deux étymologies à ce nom : 1° Çubhra-manya, pareil au diamant ; 2° Su brahmanya, protecteur de la caste des brahmes.

en un seul corps ayant six têtes. Siva ordonna au géant ainsi formé d'aller combattre Soura-patpma. Ce dernier se retrancha dans la forteresse de Viramâyêndrapuri. Soubramaniar vainquit d'abord Târagassourène (Târaka). Quand il s'attaqua au géant Sura, celui-ci se transforma en arbre. Mais Soubramaniar enfonça au cœur de l'arbre sa lance appelée Vel. L'arbre se fendit en deux morceaux qui se métamorphosèrent l'un en paon et l'autre en coq. Depuis lors, le paon

Fig. 11. — Soubramaniar.

sert de monture à Soubramaniar et le coq orne ses enseignes.

La naissance et les exploits de Soubramaniar lui valurent les épithètes suivantes :

Saravana (né dans le lac de ce nom), Kârttikeya (nourri par les 6 Krittikas, les Pleïades), Gangayan (né dans les bras de Ganga ou Pârvatî), Arumukha ou Shanmukha (qui a six faces), Dvàdaça-Kara (qui a 12 bras), Dvâdaçàkṣa (qui a 12 yeux), Târakajit (le vainqueur de Târaka), Vélayuda (celui qui est armé de la Vel ; le lancier), Sûrasambhâra-mûrti (le vainqueur de Sûra), Maïlérivélan (le lancier qui est monté sur un paon).

Soubramaniar est représenté comme un jeune homme imberbe (fig. 11). Son front est rayé du viboûdipoundram. La lance (vêl) est posée sur son épaule droite. Il a quatre bras : les deux mains de devant (kayi), font l'une (celle de droite), le geste appelé abhaya-hastam, l'autre le geste appelé varada-hastam.

Les deux bras d'arrière portent des insignes qui tous deux représentent la foudre (Vajra), d'où le nom de Vatchi-rayoudam.

L'insigne de droite est une sorte de glaive formé de trois losanges. On l'appelle Tandayoudam. L'insigne de gauche, nommé trissoulam, est un double trident.

Le paon (en tamoul maïl), se tient derrière le Dieu. On voit quelquefois (1) des boucs auprès de Soubramaniar, qui lui furent donnés lorsqu'il alla visiter Deïvalôgam.

Soubramaniar est souvent monté sur le paon (Pl. XVII), dont la queue déployée en éventail forme autour du Dieu une auréole multicolore. Les deux femmes de Soubramaniar, filles de Vichnou, sont représentées de chaque côté du Dieu. Celle qui est à droite de Soubramaniar se nomme Valli-Ammaï ; elle est brune et elle est quelquefois montée sur un lion. La seconde, Deivanè, est de couleur claire et elle a pour monture un éléphant.

Lorsque Soubramaniar est représenté avec six visages (fig. A, Pl. XVIII), on lui donne le nom d'Aroumougam.

L'anniversaire de la victoire de Soubramaniar sur le géant Soura est célébré par la fête de Skandashasti qui a lieu au mois de Cartigué (octobre-novembre).

(1) Par exemple dans la cave Rameçvaram à Ellora.

Mailérivélan (Soubramaniar sur le paon). Image moderne.

A. Aroumougam (Soubramaniar). Image moderne.

B. Soubramaniar a Mavalipuram (VIIe siecle).
A droite sur le Dharmaraja ratha : à gauche dans la cave de la Trimûrti.

Historique (1). — Dans le Sud de l'Inde on ne rencontre jamais dans les temples Pallavas et Cholas de divinité accompagnée d'un paon ou portant les insignes par lesquels on distingue Soubramaniar dans l'art moderne. Nous avons vu que l'image de Sumaskanda (PL. XIII, B) était extrêmement multipliée dans les temples Pallavas. Soubramaniar (Skanda) y figure comme petit enfant posé sur les genoux de Pârvatî (Ûmà). On peut se demander si Soubramaniar adulte était représenté à l'époque des Pallavas. Il existe à Mavalipuram (bas-relief de gauche de la façade est du rez-de-chaussée du Dharmarâja-ratha et image au fond du sanctuaire le plus septentrional de la cave de la Trimourti) et à Trichinopoly un Dieu que nous n'avons pu identifier avec aucune divinité moderne. Un grand nombre de raisons nous portent à croire que cette image représente Soubramaniar, mais d'une façon bien différente de la manière actuelle. Il a quatre bras et tient des insignes difficiles à distinguer (PL. XVIII, B).

Sur le Gopuram de l'Est à Chidambaram, qui date du XIIIe siècle, on trouve dans une niche une statue d'Indra monté sur son éléphant (Voir PL. XL, A). Le Dieu porte les mêmes insignes que ceux qui caractérisent Soubramaniar dans l'iconographie moderne. Cela est logique puisque ces emblèmes, le double trident et les trois carrés étincelants, sont l'image de la foudre (vajra) et que Indra était considéré autrefois comme le Dieu du firmament qui lance la foudre. Il semblerait donc que les emblèmes d'Indra aient été affectés après le XIIIe siècle à Soubramaniar. En outre, les deux femmes de Soubramaniar sont montées l'une sur un éléphant, l'autre sur un lion ; or l'éléphant est la monture d'Indra, et le lion celle d'Indrâṇî son épouse.

(1) Soubrahmaniar est représenté trois fois à Ellora : 1° Au fond de la cave « des avatârs »; 2° dans la cave « Rameçvaram » ; 3° sur la façade du petit gopuram qui forme l'entrée du Kaïlâsa où on le voit monté sur son paon dans une série de bas-reliefs consacrés aux Dieux védiques Il semble considéré à Ellora comme une divinité secondaire et ne porte aucun des insignes dont nous avons parlé.

Enfin, l'image d'Aroumougam (Soubramaniar avec six visages) semble très moderne, car on ne la rencontre nulle part dans les temples anciens.

Pajéni-Andavar.

Soubramaniar est adoré à Pajani (Pulney, à l'ouest de Madura), sous la forme d'un andi (mendiant), d'où les noms de Pajani-andi et Pajanivêlan (le lancier de Pulney).

On représente (PL. XIX, A) Pajéni-Andavar presque nu; vêtu seulement du pagne appelé « langouti », formé d'une toile (kaïbinnam) retenue par une corde (annâkavour). Sa poitrine est ornée de chapelets (roudrâkṣa) et du cordon brahmanique pounoul (pûnûl).

Ses pieds sont chaussés de pâdaratchaï (du sanscrit pàdarakṣa). La lance (vêlayoudam) est posée sur l'épaule droite. Il tient de la main gauche une massue (daṇḍa).

Historique. — Nous n'avons jamais vu l'image de Pajéni-Andavar dans les temples anciens.

§ 5. — Vîrabhadra.

Légende tamoule :

Takène, beau-père de Siva, entrant un jour dans une assemblée où se trouvait son gendre, celui-ci ne se leva pas pour le saluer. Takène furieux se livra à des maléfices dans le but de nuire à Siva. Il usa d'un procédé de magie noire appelé Yàgam qui consiste à brûler du bois et à prononcer devant les flammes des « mantras » destinés à produire l'envoûtement. Siva éprouva aussitôt de violentes douleurs ; il envoya donc Poulléar, son fils aîné, contre Takène. Mais ce dernier réussit à corrompre Poulléar en lui offrant des gâteaux. Siva envoya alors son second fils Soubramaniar. Mais Takène, qui connaissait le caractère de ce Dieu, gagna son amitié en lui donnant des bayadères. Cependant l'effet du « Y gam » causait de telles souffrances à Siva qu'une sueur

A. Pajeni-Andavar image moderne . Details.

B. Nagas Bas-relief « Penitence d'Arjuna » a Mavalipuram.

Appar-Svami — Soundaramourti — Sambandar — Mânikiavatchakà

abondante couvrit son corps. Des gouttes de sueur qui coulèrent du front de Siva sortit le géant Vîrabhadra qui fit cesser le sacrifice de Takène (fig. 12), coupa la tète de ce

Fig. 12. — Vîrabhadra détruisant le sacrifice de Darkcha.

dernier et la jeta dans le feu. Pârvatî alla supplier son mari de rendre la vie à son père ; Siva accepta, mais comme la tête de Takène avait été consumée, on la remplaça par celle d'un bélier (1).

(1) La version du Bhâgavata Purâna est sensiblement différente : Bhâgavata Purâna, liv. IV (traduction de Burnouf).

Chap. III. — 2... Quand Dakcha fut élevé par Brahmâ, le Très-Haut, au rang de chef de tous les chefs des créatures, l'orgueil s'empara de lui.

3. Après avoir accompli la cérémonie du Vâsjapêya et vaincu ceux qui connaissent le mieux Brahmâ, il commença le sacrifice nommé Vrihaspatisava.

5. La divine Satî, fille de Dakcha, à qui les entretiens des habitants de l'air avaient appris dans le ciel la grande cérémonie du sacrifice que préparait son père,

7... S'adressa ainsi, pleine de désir, au chef des Bhûtas son époux :

8. Le Pradjâpati ton beau-père célèbre en ce moment un grand sacri-

L'aspect de Vîrabhadra est terrifiant (fig. 13). Il est orné de colliers de têtes (muṇḍa-mâlâ) ; des flammes sortent

வீரபத்திரன்.

Fig. 13. — Vîrabhadra.

de sa chevelure ; des crocs redoutables soulèvent ses lèvres qui sont surmontées de fortes moustaches. Il porte les insi-

fice ; rendons-nous y également, ô Vâma (Çiva), si tel est ton désir :

15. Ainsi pressé par sa femme, Giritra, l'ami de ceux qui lui sont attachés, lui répondit en souriant, rappelé au souvenir des paroles injurieuses, semblables à des flèches acérées, dont le Pradjâpati l'avait blessé en présence des créateurs de l'univers.

24... Tu ne dois pas, quoique tu sois sa fille, avoir d'égards pour Dakcha ton père, qui me hait, ni pour ceux qui lui sont dévoués. C'est lui qui, au temps du sacrifice des Créateurs de l'univers, où je m'étais rendu, m'injuria par des paroles outrageantes que je ne méritais pas.

Chap. IV. — 3... le cœur déchiré par la colère et le chagrin, Satî, poussant de violents soupirs, se rendit à la demeure de son père, l'esprit

gnes de Siva, mais il se distingue de ce dernier et des autres Dieux parce que ses bras principaux sont armés d'une épée et d'un bouclier (kédayam ou parisaï). A côté de lui se tient, les mains jointes, Takène avec une tête de bélier.

égaré par sa passion de femme, et abandonnant celui qui, chéri des hommes vertueux, lui avait donné par affection la moitié de son propre corps.

6. Elle entra dans l'enceinte du sacrifice, dans ce lieu aimé des Richis d'entre les Brâhmanes et de tous les Immortels, où l'on frappe la victime consacrée par la récitation des Vêdas, et où se trouvent les instruments de la cérémonie, faits d'argile, de bois, d'airain, d'or, d'herbe Darbha et de peaux.

7. Quand elle fut entrée, aucun des assistants n'osa, dans la crainte de blesser celui qui célébrait le sacrifice, accueillir avec respect la Déesse dédaignée de son père...

9. A la vue de ce sacrifice, auquel Rudra ne prenait point part, et du manque de respect que Dakcha son père témoignait au divin Vibhu (Çiva), la Déesse souveraine, méprisée, donna cours, au milieu de l'assemblée, à son indignation, comme si elle eût voulu consumer les mondes par sa colère.

24... Après avoir accablé d'injures Dakcha au milieu du sacrifice, elle s'assit par terre en silence, en se tournant du côté du Nord ; puis ayant porté de l'eau à ses lèvres, et s'étant enveloppée dans son vêtement de soie de couleur jaune, elle ferma les yeux, et entra dans la voie du Yôga.

Chap. V. — 1... Ayant appris par Nârada la mort de Bhavânî, dont les dédains du Pradjâpati étaient la cause, et la défaite de la troupe de ses serviteurs, Bhava en ressentit un courroux sans bornes.

2. Furieux, se mordant les lèvres, celui qui porte le fardeau des mondes, le Dieu redoutable, se leva tout à coup en poussant un rire sourd ; et arrachant la touffe de sa chevelure, dont la lumière terrible ressemblait aux éclats du tonnerre et du feu, il la lança contre terre.

3. De cette touffe sortit un géant dont le corps touchait au ciel, armé de mille bras, au teint sombre, dont les cheveux brillaient comme trois soleils, aux dents larges, ayant des cheveux semblables à un feu flamboyant, portant une guirlande de crânes et des armes de diverses espèces prêtes à frapper.

4. Il s'écria les mains jointes : Que faut-il que je fasse ? et le bienheureux chef des Bhûtas lui répondit : « Détruis, guerrier redoutable, Dakcha et son sacrifice. Tu es le chef de mes braves, une portion de moi-même. »

5. Après avoir reçu cet ordre du Dieu irrité, le géant marcha, en si-

Historique. — Vîrabhadra est représenté dans le temple de Kaïlâsanâdha à Kachipuram (A. Rea, *Pallava Architecture*, plate XXXVI, fig. 1, Panel 16 th from east end of south side of court).

gne de respect, autour du Souverain Seigneur, du Dieu des Dieux ; et alors il se sentit sans égal en courage, et capable de soutenir l'assaut des plus braves.

6. Suivi des serviteurs de Rudra, qui poussaient de violentes clameurs, il fit entendre un cri terrible ; et brandissant un javelot capable de détruire le Destructeur des mondes, il se précipita en avant, faisant retentir les anneaux qui ornaient ses pieds.

22. Foulant sous ses pieds la poitrine de Dakcha, le géant aux trois yeux lui coupa la tête avec son glaive tranchant, sans cependant pouvoir la détacher.

23. A la vue de ce corps dont la peau n'était entamée ni par les flèches, ni par les épées, Hara, le maître des créatures, frappé d'un étonnement extrême, médita longtemps.

24. Mais le Dieu qui est le maître des créatures, ayant remarqué la manière dont on tue la victime dans le sacrifice détacha par ce moyen la tête du corps de Dakcha, le sacrificateur (qui était devenu) la victime.

25. A la vue de cette action, les Bhûtas, les Pritas et les Piçâtchas louèrent tous les Dieu en s'écriant : Bien ! bien ! Mais les autres firent entendre des exclamations contraires.

26. Furieux, il jeta cette tête dans le feu du midi, et après avoir ainsi détruit le sacrifice des Dieux, il partit pour la demeure des Guhyakas.

Chap. VI. — 1... Alors toutes les troupes des Dêvas mises en fuite par les armées de Rudra, après avoir vénéré Svayambhû, lui firent connaître en détail ce qui s'était passé.

4. Lorsque le Souverain Créateur eut entendu le récit des Dieux, il leur parla ainsi :

6. Vous qui désirez faire revivre le sacrifice, empressez-vous d'apaiser le Dieu qui est privé de son épouse.

8. Après avoir donné aux Suras ce conseil, Adja, accompagné des Dieux, des Pitris et des chefs des créatures, quitta sa demeure pour se rendre dans celle de l'ennemi de Pura, sur la plus belle des montagnes, sur le Kâilâsa, aimé du Seigneur suprême.

42. Brahmâ dit :

50... Ranime le sacrifice de Pradjâpati, détruit par toi, ô Dieu intelligent, avant qu'il fût achevé, ce sacrifice où les mauvais prêtres qui le célébraient, t'ont refusé ta part, à toi qui conduit la cérémonie à son

§ 6. — Les saints Sivaïtes.

Padanjéli. — Dans l'art moderne Siva est souvent entouré d'un cortège de divinités acolytes. Padanjéli est un petit Dieu dont la partie inférieure du corps se termine en queue de serpent.

C'était un Yogi ; ne voulant pas écraser les insectes avec ses pieds, il obtint de Nadaràja le « varam » d'être transformé en reptile (1).

Padanjéli a les cheveux tressés et relevés sur la tête, il a les mains jointes devant Siva et il porte une barbe en pointe (fig. 14).

Les Dieux hindous ont généralement la figure entièrement glabre, comme les brahmes. Par contre les géants (asuras) ont une épaisse moustache, et les richis portent toute la barbe.

Historique. — Nous n'avons pas rencontré, dans les bas-reliefs anciens de personnage pouvant être identifié absolument avec Padanjéli.

terme.

51. Que celui qui le faisait célébrer revive !

Chap. VII. — 1. Satisfait des paroles par lesquelles le Dieu incréé venait de l'implorer, Bhava dit en souriant :

3. Que le chef des créatures, dont la tête a été consumée par le feu, prenne une tête de bélier.

7... Les guerriers de l'armée d'Indra et les Richis retournèrent une seconde fois au sacrifice des Dèvas, accompagnés du Dieu et des Védhas.

8. Et après avoir tout exécuté selon ce qu'avait dit le bienheureux Bhava, ils adaptèrent au corps de Dakcha la tête d'un bélier destiné au sacrifice. »

(1) Padanjéli serait-il le même que Patanjali, l'auteur du Mahâ-Châshya, le commentateur de la grammaire de Panini et qui, selon la légende tomba du ciel dans le creux de la main de Panini, sous la forme d'un petit serpent, d'où son nom (pat, tomber ; añjali, coupe formée par la main) ?

Viagrapadar (*Vyâghrapâda*). — C'est un petit Dieu à pieds (padar) de tigre (viagra) (fig. 14). Le haut du corps est identique à celui de Padanjéli.

Il avait pour mission d'aller cueillir des fleurs pour Nadarâja ; afin qu'il ne soit pas piqué par les épines, les insectes, les serpents, etc.. Nadarâja lui donna des pieds de tigre.

Historique. — C'est peut-être Vyâghrapâda qui se trouve à droite du 16e bas-relief à l'extrémité est de la face sud de la cour du temple de Kâïlâsanâtha à Kañchîpuram (Voir A. Rea, *Pallava Architecture*, plate XXXVI, fig. 1).

FIG. 14. — Nandikêsvara, Padangéli, Viagrapadar, Bringui.

Bringui-Maharouchi. — Ce Richi a le haut du corps pareil à ceux de Padanjéli et de Viagrapadar ; mais il est de bien plus haute taille ; ses cheveux sont nattés et relevés en touffes, son front porte les trois raies blanches de Siva, il a une barbe en pointe, il est orné de chapelets de grains de Rudrâkṣa (fig. 14). Souvent ses mains sont jointes dans la pose appelée Koumoudougouradou (en sanscrit añjali) ; mais souvent aussi il tient un bâton.

Le caractère distinctif de Bringui, c'est qu'il est très maigre et qu'il a trois jambes pour la raison suivante :

Bringui voulait adorer Siva, mais non point Pârvatî. Celle-ci furieuse lui enleva toute sa chair (1). Siva voyant que Bringui, n'ayant que des os, ne pouvait plus rester debout, lui donna une troisième jambe pour le soutenir.

Historique. — Dans aucune sculpture ancienne nous n'avons vu de personnage ayant trois jambes (2).

Karikal-Ammeï. — On voit quelquefois dans l'entourage de Siva une femme extrêmement décharnée. Ce n'est pas, comme on pourrait le croire, la femme de Bringui. Elle s'appelle Karikal-Ammeï.

Karikal-Ammeï, déesse adorée à Karikal, portait le nom de Pounnidavadiar (Punîtavatî) et était la femme d'un brahme commerçant appelé Paramadattan.

Elle donna un jour à un mendiant une mangue qui était destinée à son mari. Quand celui-ci réclama le fruit, elle lui en donna plusieurs qu'elle obtint miraculeusement. Son mari, devant le prodige, vit en elle une Déesse et cessa de la considérer comme son épouse. Celle-ci, de désespoir, pria le ciel de lui enlever sa chair.

A Karikal, on commémore cette légende, au mois de juin, par la fête des mangues.

Nandikeçvara. — Nous avons dit qu'il ne faut pas confondre Richaba et Darmadévé, le taureau qui est accroupi devant le Lingam et celui qui sert de monture à Siva, avec Nandikeçvara. Ce dernier n'a que la tête du taureau : le reste du corps est humain. Il a quatre bras ; les bras d'arrière portent

(1) Il est admis que le corps humain est formé de deux substances : la chair, qui est la partie féminine et l'ossature, qui est la partie masculine.

(2) On trouve souvent à Ellora (notamment dans la cave « Rameçvaram ») et à Badami (Cave n° 1, bas-relief représentant Ardhanârî : Voir Pl. III, B) un personnage, quelquefois accompagné de sa famille, complètement dépourvu de chair. Ce squelette, car il n'a que la peau sur les os, n'est autre que Bringui.

le tambour (oudoukaï) et l'antilope (mâne), emblèmes de Siva. Les bras de devant sont ordinairement occupés à battre une sorte de tambour allongé appelé matalan.

Historique. —Le deuxième panneau de la face ouest du vimâna du temple de Kaïlasanâtha à Kañchîpuram, représente Siva dansant. A la gauche du Dieu on voit Nandikeçvara dansant lui aussi (voir A. Rea, *Pallava Architecture,* plate LVIII) (1).

Appar. — La Pl. XX représente les quatre grands docteurs Sivaïtes qui sont représentés souvent à côté de Siva :

Appar, Sundarar, Sambandar et Mâṇikyavâtchakâ. Tous les quatre ont composé des hymnes religieux : les trois premiers (Appar, Sundarar, Sambandar), apôtres du Sivaïsme et adversaires du Bouddhisme, sont les auteurs du livre appelé Dêvâram, recueil de prières qui sont chantées après l'office de la « Pûja » dans les temples de Siva.

Le quatrième, Mâṇikyavâtchakâ, est l'auteur d'un recueil d'hymnes appelé Tiruvâtchakam, et d'un poème érotique Tirukkôveï.

Appar, appelé aussi Tirou-Navoukarassou, né dans le Sud de l'Inde au VIe siècle, fut d'abord bouddhiste, puis jaïniste, enfin sivaïte. Il est représenté la tête rasée, ayant gardé seulement en arrière la touffe de cheveux appelée koudouṁudi ; sa tête et ses bras sont ornés de chapelets (rudrakṣa) ; ses mains sont jointes dans la position appelée en tamoul koumoudou-gouradou (en sanscrit añjali) ; sur son épaule droite est appuyée une pelle appelée « ojavaram » qui lui servait à enlever les herbes dans la pagode où il vivait.

Sundarar. — Sundaramûrtti-swami, né vers 800 (2) à Tirunavalur, dans le Karnatic, fut élevé dans une famille royale, mais à sa nubilité, il embrassa la vie ascétique. Un

(1) Dans la cave n° 1 à Badami, bas-relief de Hari-Hara (Pl. VI, A) un petit génie à tête de bœuf se tient à côté de Siva.

(2) Les dates de naissance de ces saints sont incertaines.

jour, il arrêta par ses hymnes religieux une inondation de la Cavêry. Il mourut à 18 ans à Tiruvanji.

Il est représenté la tête ceinte d'une tiare qui rappelle la noblesse de sa naissance. Il tient à la main droite une fleur de nénuphar (tamarapouchpam) et il a le bras gauche posé sur un bâton d'une forme spéciale qui sert aux ascètes et qui est appelé Yògatandou.

Sambandar. — Tiru-Gnâna-Sambandar-Swami vécut vers 500 (après J.-C.). Dès l'âge de 5 ans il embrassa la vie méditative ; aussi on le représente comme un jeune enfant : des plumes de paon ornent sa tête.

Dans ses mains il porte des cymbales formées de deux disques métalliques réunies par un cordon ; cet instrument de musique s'appelle « talam ».

Mânikyavâtchakâ. — Mânikyavàtchakâ, né vers 800 après J.-C. à Vàdavûr, sur les bords de la Vaigai, près de Madura, était ministre de Arimarddhana Pândya, roi de Madura ; ayant été chargé par le roi d'acheter des chevaux, il employa cet argent pour la gloire de Siva ; mais les écuries du roi se remplirent miraculeusement de chevaux qui, dans la suite, se transformèrent en chacals.

Mânikyavâtchakâ combattit les Bouddhistes venus de Ceylan et le jaïnisme, en faveur du sivaïsme et écrivit un livre appelé Tiruvâchaka sous forme de dialogue entre Siva et un disciple. Cet ouvrage contient des préceptes de morale.

Mânikyavâtchaka mourut à l'âge de 32 ans à Chidambaram.

Il est représenté portant un chapelet et un livre (sur olles) (1). Sa fête appelée Avani-Moulou a lieu pendant le Natchétron de Mou ou (août).

Arupattumûver. — Parmi les autres personnages de la suite de Siva, il faut citer Coundòdarène (Kundòdara) celui qui porte le parasol de Siva — et les Aroupattoumouver, 63 saints sivaïtes dont Tandeçvara est le principal.

(1) Les livres hindous sont écrits sur des feuilles de palmier appelées olles.

CHAPITRE II

L'ICONOGRAPHIE VICHNOUITE

§ 1. — Vichnou.

Vichnou (en sanscrit Visṇu, le pénétrant), appelé aussi Péroumâl (le Seigneur), Gôvinda (celui qui fait obtenir le ciel), Hari, etc., est ordinairement représenté sous une forme humaine. Sa tête est ceinte de la tiare (d'où l'épithète de Vichnou : Kirîtin), que portent les divinités qui se rattachent à Vichnou. La forme de cette tiare a varié sensiblement dans le cours des âges (fig. 15).

Fig. 15. — Tiare de Vichnou.

A l'époque Pallava, c'était simplement un cylindre.

Au moyen-âge, la forme de cette tiare se rapproche plutôt du tronc de cône. De nos jours, c'est une sorte de pain de sucre ornée de bijoux, qu'on appelle Kridam.

(1) Cette forme n'est pas sans analogie avec celle de la tiare que porte Indra dans les sculptures gréco-bouddhiques (visite d'Indra ; photo, 1058, I. M. list.).

Les oreilles du Dieu sont toujours longues et pendantes.

La couleur de sa peau est toujours bleue, excepté dans les incarnations en Râma dont la peau est toujours verte, et en Krishna dont la couleur est tantôt noire ou bleue, tantôt blanche et rose.

De nos jours, le front de Vichnou est toujours marqué du signe appelé Tirounâmam ou simplement Nâmam, du nom de la sorte de chaux (qui vient de Tiroupati) avec laquelle les vaïchnavas tracent ce signe sur leur front.

Il consiste en trois raies verticales. Celle du milieu qui est rouge est appelée Tirouchounam (chaux sainte), parce qu'elle est faite d'un mélange de chaux et de safran. Les deux autres raies, qui sont de chaque côté de la première, sont beaucoup plus larges, et se réunissent à la partie inférieure. Elles sont blanches et portent le nom de Gôpichandana.

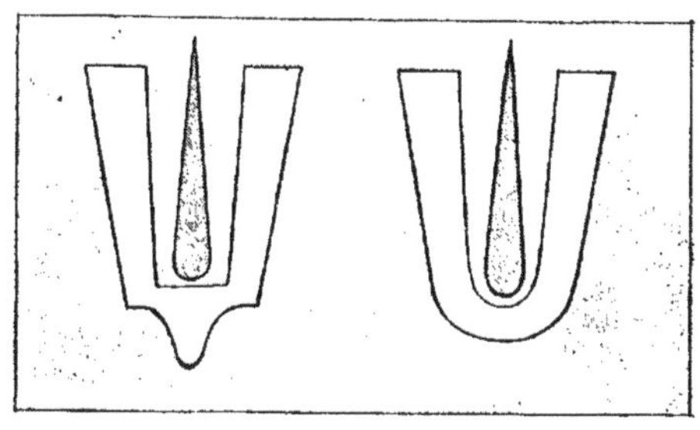

Tingalé | Vadagalé

Fig. 16. — Les deux espèces de Nâmam (Vadagalé et Tingalé).

Il existe deux espèces de « nâmam » selon la manière dont des raies blanches se réunissent dans le bas. La première Vadagalé) donne au « namam » la forme d'un U et la seconde (Tingalé), qui prolonge la marque blanche jusque sur le nez, affecte la forme d'un V (portée par les disciples de Manavala) (fig. 16).

La figure A, Pl. XXII, représente Odéyavar marqué du signe Tingalé.

Le Nàmam a une certaine importance dans l'histoire de l'iconographie comme caractère chronognomonique.

Dans les temples Pallavas le front de Vichnou est toujours absolument lisse.

Il en est toujours ainsi jusqu'au xve siècle. Il semble que le Nàmam ait apparu à l'époque de Bijanagar. Il est de rigueur aujourd'hui. Ce signe est donc relativement récent.

En tous les cas, nous croyons pouvoir affirmer que toutes les fois que l'on voit le nâmam sur une image, cette image est postérieure au xve siècle (à moins que le signe ait été ajouté ultérieurement sur l'image).

La figure de Vichnou est toujours imberbe. Ses yeux sont pareils à des fleurs de lotus, d'où les épithètes de Poundarîkâkhea et de Jalajalotchana (le Dieu qui a des yeux de lotus) Vichnou a toujours quatre bras, d'où son nom de Catur-bhuja. Fréquemment il est représenté faisant les gestes abhaya-hastam et varada-hastam, dont nous parlerons plus tard.

Quelquefois, il tient à la main une fleur de lotus (Padumam (du sanscrit Padma) Tamarasa ou Kamâla). Il a cinq armes (pañcâyudha) : l'arc, l'épée, la massue, la conque et le disque :

1° L'arc (en sanscrit Sârṅga, d'où le nom de Vichnou : Sârṅgapâṇi) appelé Kôdanda (aussi Râma est-il appelé Kodandarâma).

2° L'épée (en sanscrit Khadga) nommée Vidyàdhara.

3° La massue (gadâ) nommée Kaumodaki.

4° La conque appelée Pâñchadjanya connue sous le nom tamoul de changou (du sanscrit Çaṅkha), qui est un coquillage de l'espèce Murex Tritonis et qui peut servir de trompette.

5° Le disque (Sudarçana ou Vajra-nàbha) connu sous le nom tamoul de Chakram (du sanscrit cakra), qui est

(1) Il en est de même dans tous les temples anciens à Ellora, à Badami, etc...

A. Sri-ranga-nàtha (image moderne).

B. — Ranganàdha à Mavalipuram (VIIe siècle).

A. — Odéyavar (Image moderne).

B. — Varadaraja à Chidambaram (XIIIe siècle).
(On remarquera la forme du chakram de Vichnou).

une arme (Vichnou est appelé Nêmiyon, celui qui porte le disque).

Ces deux derniers insignes, Sankha et Chakram, sont caractéristiques du Dieu ; en outre, ce sont de précieux caractères chronognomoniques. Ils méritent donc une étude spéciale.

Il est facile d'apprécier l'âge d'une sculpture par la considération de ces emblèmes, et ce sera une manière de dater non seulement les statues de Vichnou, mais encore celles de Kâlî, puisque, comme nous l'avons vu, dans les anciennes sculptures comme dans les nouvelles, Kâlî porte toujours « sankha » et « chakram ».

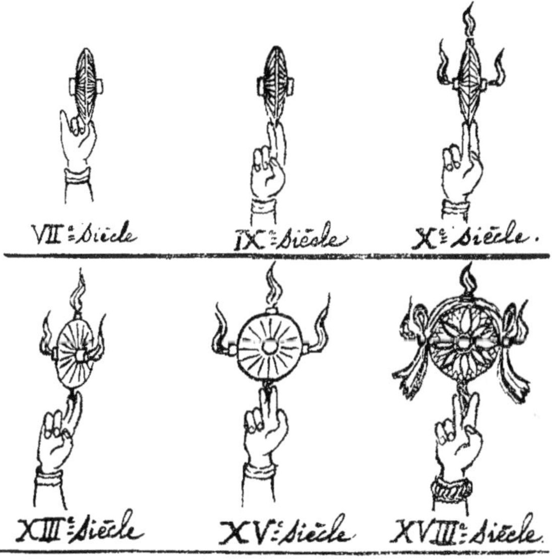

FIG. 17. — Evolution du « chakram » disque de Vichnou.

La figure 17 montre la loi de l'évolution du Chakram. Dans tous les bas-reliefs de Mavalipuram (VIIe siècle) et du temple de Kaïlâsanâtha à Kañchîpuram, le « chakram » est un disque, absolument dépourvu de flammes, que le Dieu tient entre le pouce et l'index (1).

(1) Dans le temple de Kaïlâsanâtha à Kañchipuram (VIIIe siècle), on voit fréquemment Vichnou portant le chakram orné de flammes, mais

Quelques siècles plus tard, on orne cette roue de flammes appelées Soudar, placées les unes sur les bords du disque, les autres sortant des deux extrémités de l'essieu.

En outre, cette roue n'est plus tenue entre le pouce et l'index, mais se trouve comme en équilibre au bout de l'index et du majeur. La roue est encore vue généralement dans le sens de sa tranche.

A Tanjore, la niche la plus méridionale de la façade occidentale contient une statue de Hari-Hara, et du côté qui représente Vichnou, se trouve un « chakram » de ce genre.

La figure B, Pl. XXII, représente une statue de Vichnou dans une niche de gopuram de l'est à Chidambaram (XIIIe siècle) ; le chakram est tel que nous venons de le décrire tout à l'heure. Le musée de Madras possède plusieurs statues de Vichnou montrant des flammes sortant de l'essieu du chakram vu de face.

Pendant l'époque de Bijanagar les flammes qui sortent de l'essieu disparaissent. Enfin, à l'époque de Madura, on ajoute autour de la roue un foulard (Vastram) dont les deux bouts pendent au-dessous des deux flammes qui sortent de chaque côté de la roue (fig. 17).

De nos jours, le disque chakram est un cercle, quatre flammes (soudar) sortent de ses bords, et autour du cercle est passé le foulard vastram (fig. 18). C'est une arme tranchante : nous verrons le Dieu s'en servir pour délivrer le roi des éléphants (Gajendra-mockcha).

Ce que nous avons dit de l'évolution du « chakram » s'applique aussi à « çaṅkha ». Au VIIe siècle, il est tenu entre le pouce et l'index, il est dépourvu de flammes. A partir du Xe siècle, il s'orne de petites flammes. Enfin, au XVIIe siècle, on ajoute un foulard (fig. 19).

ces flammes ne sont jamais sculptées dans la pierre ; elles ont été ajoutées avec du ciment, lorsqu'on répara le temple, à une époque plus récente.

A. — Nârâyana (image moderne).

B. — Vichnou assis sur le serpent dans la cave n° 3 à Bâdâmi (VIe siècle).

Varagha. Panneau de char XVIIe siecle .

La poitrine du Dieu est souvent ornée du célèbre joyau

Fig. 18. — Emblèmes vichnouïtes : Nâmam, Sankha et Chakram.

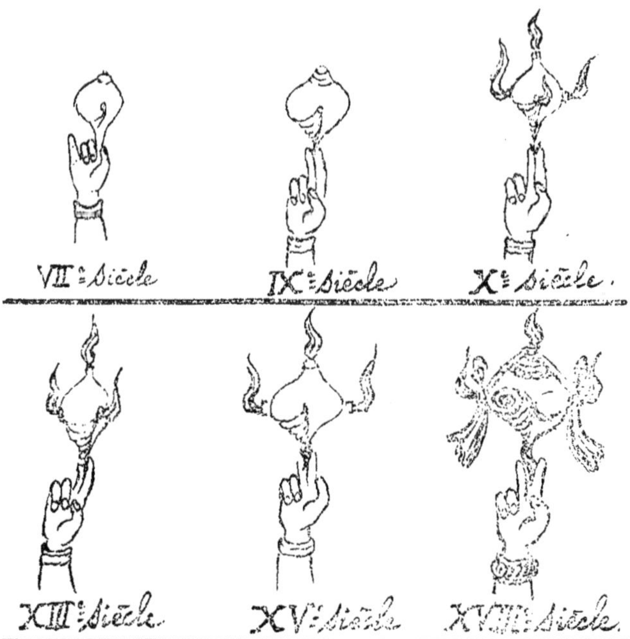

Fig. 19. — Evolution de l'insigne de Vichnou « Sankha ».

Kaustubha. Au-dessus du sein droit on voit fréquemment une

marque triangulaire (1). Au poignet se trouve le joyau Syamantakâ.

Vichnou et les Vichnoubhaktas (adorateurs de Vichnou), sont ornés de chapelets de graines de Tulasi appelés Tulasimanittâvadam (2).

Fig. 20. — Vichnou entre Srîdêvî et Bhûmidêvi.

Le Seigneur est le plus souvent représenté comme dans la figure 20 : il est debout entre les deux déesses, Srîdêvî (Lakshmî) et Bhûmidêvi. On les distingue l'une de l'autre parce que Srîdevî, déesse du ciel, est toujours à la droite du Dieu ; elle porte une fleur de lotus (Tamarapou), de la main

(1) Selon les écritures, Vichnou devrait porter sur la poitrine une touffe de poils bouclés appelée Srî-vasta.

(2) Nous avons vu que les chapelets chivénistes étaient faits de graines de rudraksha.

gauche. Bhûmidevî, déesse de la terre, est à la gauche du Dieu et porte de la main droite une fleur de jasmin (malligé). Dans les images modernes ces deux déesses ont toutes deux le haut du corps vêtu d'une sorte de corset appelé ravoukaï, recouvert en outre du pagne (poḍouvé) ; leurs oreilles sont également très ornées de boucles d'oreilles. Il n'en est pas ainsi dans les images datant des xive et xve siècles : Les deux déesses ont la poitrine nue ; mais Srîdêvi seule a les seins couverts d'un ruban horizontal appelé Katchou ou Kanjagam. Bhûmidevî (la déesse qui est à la gauche du Dieu) a les seins complètement nus. En outre, Srîdevî a des boucles d'oreilles rondes, tandis que Bhûmidevî a les oreilles pendantes et dépourvues d'ornements.

Vichnou, dans cette image, apparaît comme étant bigame ; cette particularité est très ancienne. Dans le temple de Kaïlâsanâtha, à Kañchîpuram, un bas-relief représente Vichnou assis entre deux femmes (A. Rea, *Pallava Architecture*, plate XLI, fig. 1).

Devant Vichnou on a coutume de placer une paire de souliers (sada) pour le Seigneur, et qui sont appelés sadagopam.

Autour du Dieu, on représente fréquemment l'oiseau Garuḍa, le singe-dieu Hanuman, Toumbourouvar (Tumburu) à tête de cheval, Narada qui joue d'un instrument de musique analogue à la vinà, les Pannirandu-Ajvâr (les 12 apôtres) : (1) Poïgaï-àjvâr, (2) Pûtattâjvàr, (3) Pêyàjvàr, (4) Tirumarhisaïàjvàr, (5) Nammâjvâr, représenté assis sous un arbe dans une pose de gourou et tenant un livre à la main, (6) Kulasëkharaàjvâr, (7) Périya-àjvàr, (8) Tondaradippodi-âjvàr, (9) Tiruppân-âjvâr, qui tient à la main une vinâ (sorte de guitare), (10) Tiroumangaï-àjvàr, qui tient un sabre et un bouclier, (11) Andàlammane, une femme qui se voua au Dieu de Tirupati, (12) Manavàlamàmuni qui porte dans ses mains un talam (sorte de cymbale).

Il y a, en outre, les docteurs vichnouistes : Srimannamouni, Srialavander, Moudéliander, Couratàjvar, Puleilogâsavaria, Tiroucatchinambi, Sri-manavâla-Mâmuni et enfin Sribâchiakkâra (le Commentateur) qui n'est autre que l'illustre Râmanuja. Ce dernier est Odéyavar (planche XXII, A). On le représente assis, les jambes croisées, les mains jointes. Sur son bras droit est passé un drapeau qui porte les insignes de Vichnou (Sankha, Nâmam, Chakram). Le Nâmam est de l'espèce Tingalé. Odéyavar est le plus grand apôtre (gourouvou) des vichnouïstes. On célèbre en son honneur l'office appelé Tirumandjanam.

Sri Raṅga Nâtha. — Le temple très célèbre de Sri-Ranga, dans l'île de ce nom, près du confluent de la Cavery et du Couleroun, en face de Trichinopoly, est dédié, à une image de Vichnou très vénérée dans le sud de l'Inde. Le Dieu (fig. A, Pl. XXI) dort couché sur le serpent dont la tête multiple lui sert de dais. Ce serpent est appelé Sêsha (durée) (en sanscrit çeṣa) ou Ananta (l'éternel) ; aussi le Dieu qui dort sur Ananta porte-t-il le nom de Ananta Sayana. Les deux femmes de Vichnou, Sridêvi et Bhûmidêvi sont assises à ses pieds.

La main droite du Dieu est toujours placée entre sa tête et l'oreiller. Il n'a souvent que deux bras. Lorsqu'il en a quatre, les deux autres tiennent Sankha et Chakram. Souvent aussi (mais cela n'est pas de rigueur) la tige d'un lotus sort du nombril de Vichnou, et sur la fleur du lotus est assis Brahmâ.

A Chidambaram, une statue de Ranganâtha se trouve à quelques mètres du sanctuaire de Nadarâja.

Historique. — Il est impossible de passer sous silence le fait que, dans les caves bouddhiques dont l'iconographie est inspirée des doctrines du Mahâyâna, notamment à Ajaṇṭa, le Nirvâṇa de Bouddha est représenté d'une façon qui rappelle le sommeil de Vichnou. La tête du personnage couché est toujours à la droite du spectateur et les pieds à la gauche.

A Mavalipuram (VIIe siècle), en face du grand bas-relief représentant le combat de Kâlî et de Mahichâsura se trouve l'image de Vichnou couché sur le serpent (Pl. XXI, B) (1).

Une image de Ranganâtha se trouve aussi sur le temple de Vaïkuntha-Perumal (A. Rea, *Pallava Architecture*, plate LXXXII, fig. 2) (2).

Nârâyaṇa. — Il ne faut pas confondre, comme on le fait quelquefois (3), Ranganâtha avec Nârâyaṇa. Ce dernier est un petit enfant qui suce l'orteil de son pied gauche. Il est couché au milieu d'une feuille de banyan multipliant, en tamoul « vâta » (Ficus indica, bengalensis) ; aussi sous cette forme Vichnou est-il appelé Vâtapatrakaï (celui qui dort sur une feuille de Vâta) (Pl. XXIII, A). C'est sous la forme de Nârâyaṇa que Vichnou créa le monde (4).

Nous n'avons jamais vu l'image de Nârâyaṇa sur les monuments anciens.

Vaïkuntha-Nâtha (Vichnou, Dieu du Vaikuṇṭha). — Le Vaïkuntha est le paradis de Vichnou qui porte le titre de Vaïkuntha-Pérumal. Il est assis sur le serpent Ananta ou Adiçêsha, et la tête de la capelle (Nâga) s'étale en formant un dais au-dessus de la tête de Vichnou, qui sous cette forme est adoré comme Seigneur de la béatitude suprême (Paramapadanâdan).

Historique. — Cette image se trouve dans le temple de

(1) A Ellora, dans la cave « Des Avatârs », on voit Vichnou couché sur le serpent, mais celui-ci a une tête et un buste humains.

(2) Dans le Kaïlâsa d'Ellora (fin du VIIIe siècle) il existe un bas-relief de Ranganâtha ; Brahmâ est assis au milieu d'une fleur de lotus, celle-ci sort, non pas du nombril, mais du ventre entr'ouvert de Vichnou. Ce n'est que plus tard que les pieds du Dieu seront tenus par deux femmes.

(3) « On the left or south wall is a large bas-relief of Nârâyana or Vishnu reclining upon the snake Sêsha », p. 146, Burgess, *Cave temples of India*)

(4) Ce nom est cependant donné dans un sens plus général ; c'est par cette épithète que Vichnou est invoqué dans la célèbre prière appelée Ashtâkhcara (les 8 lettres) : Om Namô Nârâyaṇâya (Om ! adoration à Nârâyaṇa).

Vaïkuntha Perumal à Kañchîpuram (A. Rea, plate LXXI, fig. 4) (1).

Varadarâja (Vichnou monté sur Garouḍa).

La monture (vâhana) de Vichnou est un génie mi-homme, mi-aigle (de l'espèce falco pondicerianus) appelé Guéroudin (en sanscrit : Garuḍa) ou Suparṇa, le fils de Kasyapa et de Vinâta. Son nez est recourbé comme un bec ; il a de larges ailes. On adore de nos jours, notamment à Conjeeveram (Kañchîpuram), Vichnou monté sur Garouḍa portant le nom de « Varadarâjasvâmi » (Celui qui donne des faveurs) (fig. 21).

வரதராசப்பெருமாள்.

Fig. 21. — Varadarâja à Conjeeveram.

(1) Un très grand bas-relief représente ce sujet dans la cave n° 3 à

Cette image est ancienne puisqu'elle se trouve à Kañchîpuram sur le temple Pallava et Vaïkuntha Perumal (VIIIe siècle) (A. Rea, *Pallava Architecture*, plate LXXXII, et plate LXXIV, fig. 1, et plate LXXXII, fig. 2). Elle se voit à Chidambaram sur le gôpuram de l'est (XIIIe siècle), PL. XXII, B. (On remarquera que dans cette sculpture le Chakram de Vichnou est vu dans le sens de sa tranche et que des flammes sortent de l'essieu de la roue.)

Garouda est aussi représenté portant à la main l'amourdagalassam qu'il obtint comme part après le barattement de la mer de lait.

Guéjendira-Mokcham. — Les artistes modernes représentent fréquemment la délivrance (Mokcham, du sanscrit Mokṣa) du roi des éléphants (Gajendra) (fig. 22).

FIG. 22. — Guéjendira-Mokcham (Délivrance du roi des éléphants).

Il y avait dans un étang un très méchant crocodile. Le roi

Bâdâmi (VIe siècle), Pl. XXIII, B.

Le Dr Gustave Le Bon a fait remarquer (*Les monuments de l'Inde*) que c'est dans une pose identique et assis sur un serpent, que le Bouddha est représenté parmi les sculptures du tope d'Amarâvâti (2e siècle).

des éléphants, ami de Vichnou, passant près de l'étang fut retenu prisonnier par le crocodile qui lui saisit la patte entre ses dents. Mais le Seigneur descendit du Vaïkuntha sur les épaules de l'oiseau Garouda, et frappant le crocodile avec le disque « chakram », il délivra le roi des éléphants (1).

(1) Bhâgavata Purâna. Traduction de Burnouf, Livre VIII, chap. II.

1... Il y avait une belle montagne, célèbre sous le nom de Trikûta...

2... ses trois sommets, l'un d'argent, l'autre d'airain, le troisième d'or, illuminaient la mer et les points de l'horizon.

5. Ses vallons étaient fréquentés par les Siddhas, les Tachâranas, les Gandharvas, les Vidyâdharas, les Mahôragas, les Kinnaras et les Apsaras, qui s'y livraient à leurs ébats.

7. De nombreuses troupes d'animaux sauvages y remplissaient les vallées, des oiseaux à la voix harmonieuse y peuplaient les jardins des Dieux formés d'arbres de toute espèce.

14. Là se trouvait un lac étendu sur lequel se balançaient des lotus d'or...

19. Un jour, le chef d'une troupe d'éléphants, habitant des vallées de cette montagne, s'y promenait avec ses femelles...

22 Souffrant de la chaleur, accompagné d'autres éléphants et de leurs femelles, suivis de leurs petits...

23... il se précipita rapidement vers le beau lac, suivi de sa troupe qui souffrait de la chaleur.

24. S'y étant plongé, il but avec joie, en la puisant au moyen de sa trompe, cette eau pure, semblable à l'ambroisie et parfumée par la poussière des nymphæas et des lotus d'or, et il se délassa en y baignant son corps.

26. Un puissant crocodile, envoyé par le Destin, le saisit avec rage par le pied ; tombé ainsi par hasard en un danger pressant, l'éléphant robuste se défendit de toutes ses forces.

29. Enfin, cette longue lutte porte une rude atteinte au courage, aux forces et à la vigueur du roi des éléphants qui, entraîné par son ennemi, s'enfonça dans l'eau, tandis que les forces du crocodile ne faisaient que s'accroître.

30. Quand le roi des éléphants se vit ainsi tombé, sans s'y être attendu, dans une telle extrémité, perdant toute espérance et incapable de se délivrer lui-même...

Chap. III — 2. Le roi des éléphants dit : « Adressons notre adoration à Bhagavat... »

31. Ayant reconnu sa détresse et entendu sa louange, le Dieu dont l'univers est la demeure s'était dirigé en toute hâte vers l'éléphant ; monté sur Garuḍa dont les hymnes védiques forment le corps, il portait

Historique. — Il est possible que ce sujet soit représenté dans un bas-relief du Vaïkuntha Perumal (A. Rea, *Pallava Architecture*, plate LXXXIV, fig. 1) (1).

Les avatârs. — On appelle ainsi les descentes (avatàra signifie descente) de Vichnou sur la terre. On en compte dix principales :

Matchia, Courma, Varàgha, Narasimha, Vâmana, Parassourâma, Ràma-Chandra, Bala-Ràma, Krichna et Kaliki.

Ce n'est probablement que vers le XIIe siècle qu'un certain nombre d'exploits légendaires ont été groupés, catalogués et attribués à Vichnou. Cette classification méthodique des légendes fut très favorable au développement du vichnouïsme. Il y a environ cinq de ces incarnations qui seraient demeurées presque inconnues des artistes, qui ne songeraient pas à les représenter, si elles ne faisaient pas partie de la série classique. Ce sont les avatàrs : Matchia, Courma, Parassourâma, Bala-Râma, Kaliki.

Les cinq autres peuvent se diviser en deux groupes : Varâgha, Narasimha et Vâmana occupent le premier rang dans l'iconographie des temples anciens. Les temples modernes sont couverts des sculptures se rapportant aux légendes de Krichna et de Râma-Chandra.

Quoi qu'il en soit, c'est un fait incontestable, que jamais

le Tchakra, et était suivi des Dieux qui le célébraient.

32. Voyant en l'air Hari monté sur Garuda, tenant le Tchakra et levant celle de ses mains qui portait le lotus, le malheureux animal, entraîné dans le lac par le monstre puissant, s'écria en ce danger : O Nâràyana, précepteur de l'univers, O Bhagavat, adoration à toi !

33. Hari, l'être incréé, voyant sa détresse, descendit aussitôt, et dans sa miséricorde il le retira du lac avec le monstre ; puis fendant avec son Tchakra la gueule du crocodile, il délivra l'éléphant à la vue des Dieux.

(1) On le voit sur le côté nord du temple de Deogarh dans le district de Lalitpur (Provinces-Unies) (Burgess, *Ancients monuments of India*, t. II, fig. 252). Mais dans cette sculpture c'est un serpent et non pas un crocodile qui retient prisonnier l'éléphant.

Remarquons enfin qu'il y a quelque ressemblance avec l'adoration de Bouddha par l'éléphant Nalagiri.

la série des dix avatârs ne se trouve représentée sur les temples antérieurs au XIIe siècle (1).

D'après la légende, les incarnations : Matchia, Courma, Varâgha, eurent lieu dans l'âge Krêtâyuga ; Narasimha, Vâmana, Parassurâma et Râmachandra dans l'âge Trétayuga ; Balarâma et Krichna dans l'âge Dvâparayuga ; enfin Kaliki aura lieu dans l'âge Kâliyuga.

1° **Matchavataram** (en sanscrit : Matsya). — Légende tamoule : Les guerriers Madougadaïvar, habitant la région appelée Pàdâllalôgam, située au-dessous des eaux, avaient volé les 4 Védam de Brahmâ. Ce dernier ne pouvant aller les chercher au fond de l'eau, Vichnou s'incarna en poisson, vainquit les Madougadaïvar et rapporta les Védam (2).

(1) A Ellora dans la cave des « avatârs » et dans le Kaïlâsa on trouve des séries de bas-reliefs qui sont consacrés exclusivement à Vichnou. Or, on n'y voit jamais que quatre incarnations : Varâgha, Narasihma, Vâmana et Krichna.

(2) Bhâgavata Purâna, Liv. VIII, chap. XXIV. Traduction de Burnouf.

8. Pendant que le Créateur, désireux de se reposer, cédait au sommeil que lui amenait le temps, le puissant Hayagrîva ravit les Vêdas, qui, sortis de la bouche du Dieu, se trouvaient près de lui.

9. Le bienheureux Hari, qui est le Seigneur, connaissant ce que venait de faire le chef des Dânavas, Hayagrîva, revêtit la forme du poisson nommé Çapharî.

10. En ce temps-là, un certain Richi d'entre les rois, nommé Satyavrata, grand et tout dévoué à Nârâyana, accomplissait une pénitence qui consistait à ne se nourrir que d'eau.

11. C'est le même qui, naissant dans le Mahâkalpa actuel en qualité de fils de Vivasvat et sous le nom de Çrâddhadêva, fut élevé par Hari au rang de Manu.

12. Un jour que plongé dans la rivière Kritamâlâ, il faisait ses libations, il arriva qu'un poisson de l'espèce dite Çapharî, se trouva dans l'eau que contenaient ses mains.

13. Satyavrata, qui était roi du Dravida, relâcha dans le fleuve le poisson qui était venu se jeter entre ses mains, en même temps qu'il y versa l'eau qu'il avait puisée.

14. Le poisson dit d'une voix lamentable au roi qui était doué d'une grande compassion : Comment, ô roi, qui as pitié des malheureux, m'a-

On rencontre assez rarement la représentation de Matchia (fig. 23). La partie supérieure du corps du Dieu a gardé

Fig. 23. — Matchia et Courma.

son aspect habituel, la partie inférieure seule a pris la forme d'une queue de poisson. Nous n'avons jamais vu cette image sur les temples anciens.

2° **Courma** (en sanscrit : Kûrma). — Le barattement de la

bandonnes-tu ainsi, pauvre et timide, dans l'eau du fleuve, me livrant aux gros poissons qui dévorent ma race ?

15. Ignorant que c'était un Dieu, qui, pour lui témoigner sa faveur, avait pris plaisir à revêtir la forme d'un poisson, le roi ne songea qu'à sauver le petit animal.

16. Il n'eut pas plutôt entendu sa prière lamentable que, touché de compassion, il le plaça dans l'eau de son vase, et le transporta dans son ermitage.

17. L'animal y prit un tel développement en une seule nuit, que ne trouvant plus de place dans le vase, il parla ainsi au roi de la terre :

18. Je ne puis plus rester ainsi misérablement enfermé dans ce vase ; prépare-moi une habitation plus large, pour que j'y puisse demeurer à l'aise.

19. Le roi l'en retira pour le placer dans l'eau que contenait une jarre ; dès que le poisson y eût été introduit, il grandit de trois coudées dans l'espace d'une heure.

20. Cette jarre, ô roi, n'est pas assez large pour que j'y demeure à mon aise ; donne-moi une place plus vaste puisque j'ai cherché un asile auprès de toi...

23. Le roi, d'après cet avis, le porta successivement dans les lacs

mer de lait est assez fréquemment représenté dans l'iconographie moderne.

La légende est la suivante : Vichnou prit la forme d'une tortue (Courma) afin de soutenir la montagne Mandréguiri

inépuisables ; et quand le poisson en eût rempli le fond, Satyavrata le jeta dans l'Océan.

24. Au moment où il était jeté, le poisson dit au roi : ici les monstres marins plus forts que moi vont me dévorer, il ne faut pas, ô héros, que tu m'abandonnes ici.

25. Trompé de cette manière par le beau langage de cet animal, le roi lui dit : Qui es-tu, toi qui me fais illusion sous cette forme de poisson ?

27. Sans doute tu es le bienheureux Hari, Nârâyana.

32. Bhâgavat dit : Dans sept jours, à partir d'aujourd'hui, ô roi, les trois mondes, la terre, l'atmosphère et le ciel seront submergés par l'océan de la destruction.

33. Au moment où les trois mondes auront été recouverts par les eaux de l'anéantissement, un grand vaisseau envoyé par moi se présentera pour te recevoir.

34. Alors entouré des sept Richis, rassemblant la collection de tous les êtres, prenant avec toi toutes les plantes et les semences grandes et petites.

35. Tu monteras sur ce grand navire, et tu parcourras sans crainte l'Océan immense et ténébreux guidé par la seule splendeur des Richis.

36. Comme un vent impétueux agitera le vaisseau, je me tiendrai près de toi, et tu attacheras ton navire à ma corne à l'aide du grand serpent (Vâsuki).

39. Après avoir donné ces instructions au roi, Hari disparut. Satyavrata cependant attendit l'époque qui avait été marquée par Hrichîkêça.

41. Alors l'Océan sortant de ses rives, s'avança couvrant la totalité de la terre.

42. Tout occupé du souvenir des ordres de Bhâgavat, Satyavrata vit un vaisseau qui s'approchait ; il y monta avec les chefs des brâhmanes, après avoir rassemblé les herbes et les plantes.

44. Vichnu lui apparut au milieu du grand Océan sous la forme d'un poisson de couleur d'or, ayant une corne unique (sur la tête) et dix mille Yôdjanas de longueur.

45. Après avoir attaché son vaisseau à cette corne, en se servant du serpent, selon ce que Hari lui avait dit autrefois, le roi satisfait célébra Madhusûdana.

57. Quand le terme du cataclysme fut venu, Hari ayant tué l'Assura Hayagrîva rendit les Vêdas à Brahmâ qui s'était réveillé.

au milieu de la mer de lait. Le serpent Vassouki étant enroulé autour de la montagne, les démons (râkchasas) s'emparèrent de sa tête, les Dieux (Dévargal) prirent sa queue ; puis les Dieux et les démons, tirant alternativement chacun de leur côté, barattèrent la mer de lait (fig. 24). Le barattement de la mer de lait s'appelle en tamoul Amourdam kadaïagouroudou. Le serpent (Vassouki) vomit une telle quantité de venin que les démons s'enfuirent épouvantés. Ils ne revinrent qu'à la condition que ce seraient les Dieux qui tireraient du côté de la tête. Vichnou ordonna au serpent de retenir son venin.

FIG. 24. — Amourdamkadaïgouroudou (Barattement de la mer de lait).

De la mer de lait il sortit : la vache désirable appelée Camadénou que l'on représente avec une tête de femme, des ailes, trois queues de paon et allaitant un petit veau ; le cheval Sabara, la déesse Lakchoumi, l'éléphant Aïrapadam, l'arbre Calpagavroutcham (du sanscrit : Kalpavṛkṣa).

Mais Vassouki vomit de nouveau un venin (Kala-Hala). Siva le but, le retint dans sa gorge qui devint bleue, et mérita ainsi le nom de Nîlakantha (celui qui a un cou bleu).

Enfin, apparut le médecin Danouvandri portant un vase plein de Samoudramadam (1).

(1) Bhâgavata Purâna. Traduction de Burnouf. Liv. VIII, chap. V. 15.... Lorsque frappés dans le combat par les armes tranchantes des

Asuras, les Dieux privés de la vie étaient tombés pour ne plus se relever.

17. Mahèndra, Varuna et les autres Dieux, témoins de ce spectacle tinrent conseil entre eux sans pouvoir prendre un parti.

18 Ils se rendirent donc à l'assemblée de Brahmâ.

19. A la vue d'Indra, de Vâyu et des autres Dieux privés de leur vigueur et de leur éclat ; à la vue des mondes remplis de misère, et des Asuras jouissant d'un bonheur qu'ils ne méritaient pas.

20. Le bienheureux et puissant souverain... parla ainsi aux Dieux :

21. « Réfugions-nous auprès de l'Etre impérissable .. »

26. Brahmà dit : « Nous nous inclinons devant le meilleur et le plus désirable des Dieux... »

49. De même qu'en arrosant la racine d'un arbre, on arrose aussi les rameaux et les branches ; ainsi en rendant un culte à Vichnou, on en rend un aux autres et à soi-même.

Chap. VI. — 1... Ainsi loué par les troupes des Suras, et le bienheureux Hari, qui est le Seigneur, apparut à leurs yeux.

18. Bhagavat dit :

19. « Allez et faites la paix avec les fils de Danu et de Diti.

21. Faites sans tarder tous vos efforts pour obtenir l'ambroisie,

22... prenez le mont Mandara pour pilon à baratter et le serpent Vâsuki pour corde.

23. Puis avec mon appui, agitez l'Océan sans relâche... »

32. Alors les Dèvas et les Dâityas, faisant amitié ensemble, conclurent un traité, et tentèrent un effort suprême pour se procurer l'ambroisie.

33. Orgueilleux de leur force, ils allèrent déraciner le Mont Mandara ; et avec leurs bras vigoureux qui ressemblaient à des massues, ils le transportèrent en chantant vers l'Océan.

Chap. VII. — 1... Ayant invité Vâsuki, le roi des serpents, en lui promettant sa part d'ambroisie, les Dieux pleins de joie, s'en servant comme d'une corde pour entourer la montagne,

2. Commencèrent à remuer l'Océan... Hari s'empara le premier du côté de la tête et les Dèvas se placèrent derrière lui.

3. Les chefs des Dâityas n'approuvèrent pas l'action de Mahapurucha : Nous ne prendrons pas, s'écrièrent-ils, la queue du serpent, cette partie du corps est déshonorée...

4. Les Dâityas se turent, et le meilleur des hommes les regardant avec un sourire abandonna la tête du serpent et saisit sa queue, suivi des Immortels.

5. S'étant ainsi partagé les places, les fils de Kaçyapa se mirent à baratter l'Océan de toutes leurs forces, pour en tirer l'ambroisie.

6. Mais pendant que la mer était ainsi agitée, la montagne, qui ne reposait sur rien, s'enfonça par son propre poids au fond des eaux, quoique les Dieux puissants cherchassent à la retenir.

8... le Seigneur, revêtant la forme d'une tortue merveilleuse, gigantesque, plongea dans l'eau et soutint la montagne.

18. Du mouvement de la mer... sortit un redoutable et irrésistible poison nommé Hâlâhala.

19. Se répandant avec une rapidité terrible et une violence intolérable, ce poison envahit tous les points de l'espace et lieux situés au-dessus et au-dessous du monde : les créatures effrayées et sans ressources, coururent avec leurs chefs chercher un asile auprès du Dieu toujours heureux.

42. Alors ayant renfermé dans le creux de sa main le poison redoutable qui se répandait partout, Mahâdêva, rendant par compassion la vie aux créatures, se mit à l'avaler.

43. Le poison produit par l'eau fit voir son énergie sur le Dieu lui-même, en ce qu'il lui noircit la gorge; mais le Dieu bienfaisant se fit un ornement de cette tache.

Chap. VIII. — 1... Quand Vrichânka (Çiva) eût bu le poison, les Immortels et les Dânavas pleins de joie agitèrent en hâte l'Océan ; la vache qui donne le beurre clarifié en sortit.

2. Les Richis habiles dans le Vêda s'emparèrent de la vache de l'Agnihôtra, pour avoir le beurre clarifié qu'on offre dans le sacrifice, qui est la route des Dieux.

3. Ensuite parut le cheval nommé Utchtchâihçravas, qui avait la couleur pâle de la lune...

4. Le chef des éléphants Airâvata sortit ensuite de la mer ; l'éclat de ses quatre défenses éclipsait la splendeur de la montagne qu'habite le bienheureux Çiva.

5. Le Joyau nommé Kâustubha, ce rubis du vaste océan, parut ensuite ; Hari désira le posséder pour en faire l'ornement de sa poitrine.

6. Après vint le Pâridjâta..., cet arbre qui comble incessamment de biens.

7. On vit naître ensuite les Apsaras élégamments vêtues et le Nichkâ suspendu au cou, ces nymphes qui charment les habitants du ciel...

8. Alors on vit apparaître la bienheureuse Ramâ, l'épouse dévouée de Bhagavat...

30. Ensuite parut la jeune Déesse Vâruni aux yeux de lotus ; les Asuras s'en emparèrent avec l'assentiment de Hari.

31. Pendant que les fils de Kaçyapa barattaient l'Océan pour en extraire l'ambroisie, il en sortit... une merveilleuse forme humaine.

32. C'était un homme qui avait les bras longs et rebondis.., il était noir, jeune....

34. Ses bras ornés de bracelets soutenaient un vase plein d'ambroisie... C'était Dhanvantari, l'auteur de l'Ayurvêda..

35. A la vue du Dieu et du vase plein d'ambroisie, les Asuras avides de posséder tous les biens, s'emparèrent en toute hâte de la coupe.

36. Au moment où les Asuras emportaient le vase avec l'ambroisie,

Historique (1). — Le barattement de la mer de lait est représenté à Kañchîpuram (Rea, *Pallava Architecture*, plate XXXIII, fig. 3, et plate LXXIV, fig. 2), mais ces sculptures dans le temple de Kaïlâsanâtha et Vaïkuntha Péroumal, recouvertes de chaux et détériorées, sont peu visibles.

La légende était peut-être autrefois différente de ce qu'elle est aujourd'hui ; dans tous les cas elle n'a pas, dans l'iconographie des temples de l'Inde, l'importance qu'elle a dans les temples Khmers (2).

3° **Varâgha** (en sanscrit : varâha). — Le démon Hiraṇyâkcha (celui dont les yeux sont de la couleur de l'or) gardait la

les Dêvas découragés cherchèrent un refuge auprès de Hari.

37. En voyant leur détresse, Bhagavat, qui satisfait les désirs de ses serviteurs. Ne vous désolez pas, leur dit-il, je vous assurerai le succès, en semant, à l'aide de l'Illusion dont je dispose, la discorde parmi eux.

41. En ce moment Vichnu, ce Dieu puissant auquel aucune ressource n'est inconnue, revêtit une forme de femme merveilleuse et au-dessus de toute description.

Chap IX. — 11... Les Asuras encouragés par les agaceries de cette femme, perdirent leur sang-froid et lui abandonnèrent le vase qui contenait l'ambroisie.

20. Ayant disposé les deux troupes en rangs distincts, le Souverain de l'univers fit placer les Dieux et les Asuras chacun dans le rang qui lui appartenait.

21. Pendant que le vase en main il égarait les Asuras par de trompeuses avances, il fit boire aux Dieux qui étaient éloignés le nectar qui enlève la vieillesse et la mort.

(1) Ce sujet forme l'objet de deux petites frises : l'une dans la cave n° 2 à Bâdâmi (VIe siècle), l'autre sur un des piliers du sanctuaire du Kâïlasa (VIIIe siècle).

(2) Remarquons que ce barattement a une singulière ressemblance avec la manière de produire le feu dans les sacrifices. L'aréni (en sanscrit : arani) est formé de deux pièces de bois « d'attimaram » (ficus racemosa, Linné : morée), l'une de ces poutres de bois fixée au sol est percée d'un trou dans lequel est plantée l'extrémité taillée en pointe de l'autre poutre de bois. Une corde enroulée autour de cette dernière permet de lui imprimer un mouvement de rotation très rapide qui provoque l'inflammation du bois. Cette manière de produire le feu décrite dans les Vêdas (Artharva-vêda, III ; 29, 1) est encore employée de nos jours par les brahmes sacrificateurs.

A. — Varâgha. Cave n° 2 à Bâdâmi (VIe siècle).

B. — Varâgha à Mâvalipuram (VIIe siècle).

Histoire de Narasingha : Narasingha sortant de la colonne.
Combat de Narasingha et d'Hiranya. Narasingha se fait adorer.

terre prisonnière au fond des eaux. Vichnou prit la forme d'un sanglier pour soulever la terre représentée par la déesse Bhûmidevî et la ramener à la surface (1). De nos jours le Dieu à tête de sanglier (Adivaragué-Péroumal) tient Bhûmidevî assise sur son genou (Pl. XXIV).

(1) Bhâgavata Purâṇa, liv. III, traduction de Burnouf, chap. XIII. — 6... Quand le Manu Svâyambhuva eut été créé avec sa femme, il s'adressa ainsi au Dieu qui est la matrice des Vêdas, les mains réunies en signe de respect, et s'inclinant devant lui :

14. Le Manu dit : Puissé-je, ô toi qui détruis le péché, ne pas m'écarter des commandements de Bhagavat ! Daigne cependant, ô Seigneur, m'accorder en ce monde une habitation pour moi et pour les créatures.

15. La terre qui est la demeure de tous les êtres, est submergée dans le grand Océan, fais un effort, ô Dieu, pour que cette divine terre soit retirée de l'abîme.

16... Paramêchthin ayant vu en effet la terre gisante au milieu des eaux, médita longtemps dans son esprit : Comment la retirerai-je ?

17. Au moment où je veux créer, la terre, submergée par les eaux, est tombée au fond de l'abîme. Que faut-il donc que je fasse, maintenant que je suis chargé de la création.

18. Pendant qu'il réfléchissait ainsi..., il sortit tout d'un coup de la cavité de son nez un petit sanglier de la longueur du pouce.

19. Au moment où Brahmâ le regardait, l'animal qui se tenait suspendu dans l'air, acquit en un instant la taille d'un éléphant.

27. Traversant le ciel, la queue redressée, ferme de corps, secouant sa crinière, tout hérissé de poils aigus, foulant les nuages sous ses pieds, montrant ses blanches défenses, le regard enflammé : tel parut Bhagavat pour soulever la terre.

28. Cet Etre qui est lui-même le corps du sacrifice, déguisé sous l'apparence d'un sanglier, armé de défenses terribles, suivant avec l'odorat la trace de la terre, et reportant des yeux amis sur les Brâhmanes qui chantaient, plongea au fond des eaux...

31. Là, au moment où le premier des Dâityas s'avançait contre lui, la massue levée, pour s'opposer à sa marche, le Dieu... tua, en se jouant au sein des eaux, le géant à la vigueur indomptable, comme le roi des animaux tue un éléphant, ses joues et son boutoir étaient souillés du sang du Dâitya, de même que le Roi des éléphants qui déchire la terre est souillé d'un limon (rougeâtre).

32. Ayant reconnu cet Etre, bleu comme le Tamâla, qui se jouant comme fait un éléphant, soulevait la terre sur l'extrémité de ses dents blanches, les sages ayant Virintchi à leur tête célébrèrent, les mains jointes, le souverain Seigneur dans des hymnes sacrés.

Historique (1). — Un des plus beaux et plus célèbres bas-reliefs de Mavalipuram (VIIe siècle) représente Varâgha (Pl. XXV, B). Il est à remarquer que dans tous les bas-reliefs anciens le Dieu porte une petite coiffure conique et jamais la grande tiare vichnouïte qu'on lui donnera plus tard (voir Pl. XXIV).

Varâgha est représenté sur le temple de Vaïkuntha Pérout mal (Rea, *Pallava Architecture*, pl. XXII).

On le voit aussi sur les temples de Koranganatha à Srinivasanalur (Xe siècle), de Tanjore et de Gangaïkondhapuram (XIe siècle).

4° **Narasingha** (du sanscrit Narasimha). — Le roi Hiranyakaçipu (celui qui a un vêtement d'or) voulait se faire adorer. Son fils Pragaladin refusa de lui rendre des hommages qui n'étaient dus qu'à Vichnou. Le jeune Pragaladin (Prahrâda) ayant affirmé que Vichnou était présent partout et même dans une des colonnes du palais, le roi irrité frappa ce pilier. La colonne s'entr'ouvrit soudain et Vichnou apparut sous la forme terrible d'un géant à tête de lion (Simha). Hiranyakaçipu fut vaincu et le Dieu-lion lui dévora les entrailles (2).

(1) Il est probable que c'est cette légende que représente le sanglier d'Eran (Burgess, *Anciens monuments of India*, t. II, fig. 216), qui est peut-être la plus ancienne sculpture hindouïste que l'on connaisse. Le sanglier d'Eran n'a cependant que deux bras ; il n'est pas certain qu'à cette époque (probablement l'époque des Guptas, Ve siècle) c'est Vichnou qui était le héros de cette légende. Le doute n'est plus possible à partir du VIe siècle, car Varâgha avec quatre bras et portant « sanhka » et « chakram » est sculpté dans la cave n° 3 à Badami, dont la date est bien certaine (578 après J.-C.).

La figure A, pl. XXV, représente l'image de Varâgha dans la cave n° 2 à Badami. Aux pieds du Dieu se trouve un géant dont le corps, moitié homme, moitié serpent, figure probablement Hiranyâksha, géant des eaux. La déesse soulevée dans la main du divin sanglier s'appuie légèrement en posant le bras sur son groin.

Ce même motif est traité d'une manière à peu près identique dans les caves d'Ellora.

(2) Bhâgavata Purâna, traduction de Burnouf, liv. VII, chap. VII.

12. Hiranyakaçipu dit (à Prahrâda) :

13. Et celui que tu nommes le souverain du monde. O misérable

A. Narasingha déchirant les entrailles d'Hiranya (image moderne).

B. Narasingha à Badami. Cave n° 3 (VIe siècle).

A. Combat de Narasingha et d'Hiranya
temple de Kaïlàsanàdha à Kañchipuram, VIIIe siècle.

B. – Même sujet à Ellora (cave « dàs avàtaras », VIe siècle).

De nos jours les différentes scènes de cette histoire se trouvent représentées (Pl. XXVI) :

1° — Narasingha sortant de la colonne.

2° — Combat de Narasingha et d'Hiranyakaçipu ;

3° — Narasingha dévorant les entrailles du géant (Pl. XXVII, A).

4° — Narasingha tenant la déesse Lakchmî se fait adorer)

La fête de Narasingha appelée Jeinti, tombe la veille de la nouvelle lune du mois de Vayassi (mai).

comme s'il y avait un autre souverain que moi, où est-il ? et s'il est partout, pourquoi ne paraît-il pas dans cette colonne ?

15... Après avoir insulté ainsi plusieurs fois par de dures paroles son fils, ce grand serviteur de Bhagavat, l'Asura furieux, tirant son poignard, s'élança du haut de son siège, et usant de toute sa force, il frappa la colonne du poing.

16. Au même instant il en sortit un rugissement terrible...

18. Alors pour justifier ce qu'avait dit son serviteur, et prouver qu'il résidait en réalité au sein de tous les êtres, le Dieu apparut dans l'assemblée au centre de la colonne, sous une forme merveilleuse qui n'était ni celle d'un homme, ni celle d'un animal.

20... le Dieu à la forme d'homme et de lion s'élança, terrible, ayant des yeux rouges comme l'or bruni au feu, un visage dont une crinière épaisse et hérissée augmentait l'ampleur.

23... L'Asura se dit : Sans doute, c'est Hari, c'est ce grand magicien qui croit ainsi pouvoir me tuer ; mais ses efforts seront vains.

24. Et aussitôt poussant un cri, le héros des Dâityas armé de sa massue s'élança contre Nrisinha.

29. Semblable au reptile qui saisit un rat, Hari s'empara de son adversaire... et le renversant sur sa cuisse à la porte, il déchira en se jouant avec ses ongles cette peau impénétrable à la foudre...

30. Roulant des yeux dont la fureur qui l'animait rendait l'aspect intolérable, léchant de sa langue les coins de sa large bouche, Hari, avec sa tête entourée d'une crinière rougie par le sang qui en dégouttait.... s'est fait une guirlande de ses entrailles.

34. Le vainqueur entra ensuite dans l'assemblée, et modérant sa splendeur, parce qu'il ne rencontrait plus d'ennemi, il s'assit sur le siège royal.

37. Brahma, Indra, Giriça et les autres Immortels...

30... portant à leur front leurs mains réunies en signe de respect, vinrent,... adorer le héros d'entre les hommes, qui était assis dans la splendeur de son éclat.

Historique. — Narasingha est fréquemment représenté sur les temples anciens (1), mais on ne voit jamais Narasingha sortant de la colonne.

Le combat de Narasingha et d'Hiraṇya se trouve dans les temples Pallavas de Kâñchîpuram : dans le temple de Kaïlâsanâtha (Pl. XXIII, A.) (2), et le temple de Vaïkundaperumal (Rea, *Pallava Architecture*, pl. LXXIV, fig. 1).

On voit Narasingha dévorant les entrailles d'Hiraṇyakaçipu sur le temple de Vaïkonthapérumal (Rea, *Pallava Architecture*, pl. LXXXIII, fig. 4) (3).

Dans tous les bas-reliefs anciens le Dieu à tête de lion n'a pas de crinière ; ce n'est que plus tard qu'on voit autour de la face du Siṃha une crinière en forme de collerette ou de rabat.

5° **Vâmana**. — De nos jours, cette incarnation de Vichnou est adorée dans quelques temples, notamment à Tricoïlur. La fête commémorative se célèbre le jour de la pleine lune du mois de Cartigué. On connaît la légende : Vichnou se présenta devant le roi Bali sous la forme d'un brahme nain (fig. 25) portant un parasol (koudaï) et un vase (chembou) qui sert aux brahmes pour leurs ablutions (sankalpa) ; il lui demanda la concession de l'espace de terrain qu'il pourrait parcourir en trois pas. Le roi accepta et versa, selon l'usage, de l'eau sur la main droite du brahme. Ce dernier, l'accord étant conclu, se transforma tout à coup en un géant, et, d'une enjambée, le Dieu Padiyalandôn (qui traversa l'univers en trois pas) parcourut l'espace de la terre au ciel (4).

Ce géant est appelé « Tri-vikrama » (trois enjambées).

(1) Narasingha est figuré dans la cave n° 3 à Badami (VIe siècle), pl. XXVII, B.

(2) Il y a une grande ressemblance entre ce bas-relief et celui qu'on voit à Ellora (pl. XXVIII, B), dans la cave « des avatârs ».

(3) Et aussi dans le Kaïlasa d'Ellora (VIIIe siècle).

(4) Bhâgavata Purâṇa, liv. VIII, chap. XVIII (Traduction de Burnouf).

12... Ce Dieu dont la voie est surnaturelle se transforma... en un

La Pl. XXIX représente cette scène ; on distingue le petit brahme portant un parasol (en tamoul : coudaï, sanscrit : Kuḍeï) ; le roi Bali, la tête ornée d'une tiare et tenant un vase de cuivre pour verser de l'eau ; le géant Trivikrama dont le pied touche les nues, et dans le ciel Brahmâ versant sur le pied divin un peu d'eau lustrale.

Brâhmane nain...

20. Dès qu'il eut appris que Bali devait sa grandeur aux Açvamêdhas qu'il célébrait sous la direction des Brigus, il se rendit vers ce prince...

23... il entra dans l'enceinte où se célébrait le sacrifice du cheval, avec son bâton, son parasol et son vase plein d'eau.

24. A la vue du Brâhmane nain, qui n'était autre qu'Hari déguisé, entrant avec la ceinture faite d'herbe Mûndja, le cordon, la peau d'antilope sur les épaules et les cheveux tombant en mèches.

26... le roi sacrificateur rempli de joie lui offrit un siège.

29. Bali dit : Sois le bien venu ; adoration à toi, ô Brahmane, que puis-je faire pour toi ?

32. Reçois de moi, jeune Brâhmane, tout ce que tu désires.

Chap. XIX. — 1. Ayant entendu le langage agréable, vrai et conforme à la justice du fils de Virôtchana, Bhagavat satisfait lui répondit ainsi en l'approuvant.

16. Je te demande donc à toi, au chef des hommes généreux, un peu de terre, seulement trois pas, ô prince des Dâityas, mesurés sur mes propres pas.

28... A ces mots, Bali répondit en riant. Reçois ce que tu désires ; et pour donner cette portion de terre au nain, il prit un vase plein d'eau.

Chap. XV... — 16... il donna au nain la terre qu'il demandait, après l'avoir honoré et avoir accompli la cérémonie de l'eau.

21. Aussitôt cette forme de nain grandit d'une manière miraculeuse...

30... le Tchakra Sudarçana dont la splendeur est irrésistible, et l'arc Çârnga dont le bruit est semblable au tonnerre.

31... la conque Pântchadjanya dont le son est celui du nuage, Kâumôdakî, la rapide massue de Vichnu, Vidyâdhara, ce glaive orné de cent lunes, les deux carquois excellents aux flèches inépuisables, et la troupe des serviteurs dont Sunanda est le chef, ainsi que les gardiens des mondes entouraient le Seigneur avec respect.

32. Paré d'une aigrette, de bracelets et de pendants d'oreilles, en forme de poissons qui étincelaient, portant le Çrîvatsa (ornement de la poitrine), des joyaux précieux, une ceinture et de (riches) vêtements

Historique. — Le sujet est fréquemment représenté dans les anciennes sculptures et d'une façon peu différente de la manière moderne (1).

La figure B, Pl. XXX, montre le célèbre bas-relief de Mavalipuram (VIIe siècle). Près de la tête du Dieu, et à sa gauche, on remarque Jâmbavat, roi des ours, frappant sur un tambour.

Le même sujet se voit à Kañchîpuram sur les temples de Kaïlâsanâtha et de Vaïcontha Pérumal (Rea, *Pallava Architecture*, pl. CXXIII, fig. 7 et pl. LXXXI, fig. 1 et 2).

6° **Parassourama** (en sanscrit Paraçu Râma) (Râma à la hache). — Un brahmane, le richi Jâmadagni, reçut un jour la visite du roi Kârtavîrya. Celui-ci voulut s'emparer de la vache Kâmadhénou qu'Indra avait confiée à Jâmadagni, et qui était une source inépuisable de richesses. Parassourâma, fils de Jâmadagni et de Rênuka, trancha la tête du roi Kârtavîrya et détruisit la caste des guerriers (en sanscrit : kṣatriya).

Parassourâma souillé de tant de meurtres, se retira sur le

entourés d'une guirlande de fleurs des bois recherchées des abeilles, on voyait resplendir Bhagavat, le Dieu aux grands pas.

33. D'un pas il franchit la terre que possédait Bali, remplissant de son corps l'atmosphère, et touchant de ses bras les points de l'horizon ; du second pas il envahit le ciel ; au troisième pas il ne lui resta plus un atome à occuper ; s'élevant toujours en haut, les pieds du Dieu aux grands pas touchaient au-delà des régions Mahas, Djama et Tapas.

Chap. XXI. — 1... Le Dieu né du lotus s'avança au devant de lui.

3. Brahmâ présenta l'eau de l'hospitalité au pied de Vichnou qui s'était élevé si haut ; et l'ayant honoré avec dévotion, le Dieu dont la gloire est pure chanta celui dont le nombril avait produit le lotus où il était né lui-même.

8. Djâmbavat, le roi de ours, aussi rapide que la pensée, proclama comme une grande fête, au son du tambour, la victoire de Vichnou qui avait toujours conquis tous les points de l'espace.

(1) La figure A, Pl. XXX, reproduit un bas-relief de la cave n° 2 à Badami (VIe siècle). Le Dieu brahme tient à la main un parasol, ce qui prouve que l'usage du parasol existait déjà chez les brahmes à cette époque.

Vàmana-avatàram (panneau de char, XVIIe siècle).

A. Vàmana-Trivikrama à Bàdàmi, cave n° 2 (VIe siècle).

B. Vàmana-Trivikrama à Mavalipuram (VIIe siècle).

mont Gokarna. Le Dieu de l'Océan, Varuṇa, lui accorda l'espace de terrain que pourrait parcourir sa flèche. Le pénitent Narada avertit alors Varouna que Parassourâma n'était

Fig. 25. — Vâmana et Parassourâma.

autre que Vichnou et que la flèche parcourrait un espace immense. Effrayé, Varouna implora le secours de Yama qui se transforma en caria (sorte de fourmi blanche) et rongea la corde de l'arc, au point de ne lui laisser qu'autant de force qu'il en fallait pour le tenir tendu. Le terrain parcouru forma le Maléalon (côte de Malabar).

Le chef des Brigouides, Râma à la hache (Paraçu), portant aussi un éventail de feuilles de palmier appelé « Codali » (fig. 25), se voit rarement sur les temples modernes, et jamais sur les temples anciens.

7° **Râma-Tchandra** (en sanscrit : Râma-candra). — L'histoire de Râma-Tchandra (Râma, pareil à la lune) (1), le Raghouide (Râghava, petit-fils de Raghu), est bien connue. Daçaratha, qui régnait à Ayodhyâ, avait eu trois fils de sa première femme nommée Kaushalyâ : Râma, Lakstmaṇa et Catrughna. La seconde femme nommée Kaikeil n'eut qu'un fils Bharata. Elle obtint du roi Daçaratha, devenu vieux et aveugle, que ce dernier enfant serait substitué à l'aîné Râma, dans la succession au trône. Elle exigea même

(1) Râma-Chandra était de race solaire et non pas, comme son nom pourrait le faire croire, de race lunaire.

que Râma fût banni et exilé dans la forêt. Cet exil dura douze années. Râma avait supplié sa femme Sîtâ de ne pas l'accompagner, mais elle refusa de l'abandonner. Laṣkmana, second fils du roi, se joignit à eux, et tous trois se réfugièrent dans une grotte. Des démons (sanscrit : râkṣasa) infestaient cette forêt de Dandaka : Râma en tua quatorze mille. Râvaṇa, roi de Laṅkâ, pays des démons, furieux du massacre, résolut de se venger en enlevant Sîtâ. Pour éloigner Râma il usa de subterfuge. Un de ses compagnons, Mâritcha, prit la forme d'une gazelle couleur de feu et excita le désir de Sîtâ. Râma, sur les instances de sa femme, s'élança à la poursuite de l'animal et le transperça d'une flèche. Mâritcha frappé à mort reprit sa forme humaine et appela à grands cris Lakṣmaṇa qui, croyant son frère en danger, partit aussitôt à son secours. Sitâ restait seule dans la grotte. Râvaṇa déguisé en ascète se présenta devant elle et essaya, mais en vain, de la séduire. Alors, furieux, il prit une forme démoniaque et l'enleva dans un char aérien. Un vautour nommé Jatâyus, ami de Râma, fond sur le ravisseur pour l'arrêter, Râvaṇa le blesse mortellement. Cependant Lakshmana et Râma ne trouvant plus Sita sont pris d'inquiétude, et partent à sa recherche dans la forêt. Ils rencontrent le vautour expirant qui leur révèle le crime de Râvaṇa et la direction qu'il a prise. Les deux frères s'élancent à la poursuite de leur ennemi. Ils font bientôt la connaissance de Hanumat, général de l'armée des singes et de Sugrîva, prince simien qui avait été détrôné par son frère Bali. Râma désirant les entraîner dans sa lutte contre Râvaṇa les aide d'abord à combattre Bali. Celui-ci est tué d'une flèche lancée par Râma. Sugrîva reconnaissant entre en campagne contre Râvaṇa avec l'armée des singes tout entière. D'abord Hanumat est chargé de s'assurer que le roi de Laṅkâ a bien amené sa captive dans son palais. D'un bond, le fils du vent franchit le bras de mer qui sépare l'Inde de l'île de Laṅkâ. Il rencontre Sîtâ la nuit dans les jardins, lui remet l'anneau de Râma et lui annonce qu'on va la délivrer. Il se précipite ensuite à travers les rues de la capitale une torche enflammée attachée à sa queue, et il incendie toutes les maisons ; puis d'un seul élan il retourne dans l'Inde. Hanumat se présente devant Râma et lui dit : « J'ai vu Sitâ ». — Râma, Lakshmaṇa, Sugrîva et Hanumat se préparent à attaquer Laṅkâ. Avec des blocs de rochers, l'armée des singes construit un pont sur le détroit. De nombreuses batailles sont livrées entre les singes et les Râkshasas. Enfin Râma, dans un combat singulier, est vainqueur de Râvaṇa, le géant aux dix têtes.

Râma (dont on commémore la naissance par la fête Sri-Râma-Noami) est représenté (Pl. XXI, A) comme un guerrier. Il tient de la main gauche un arc (en tamoul, villou) qui porte les noms de Sâranga (en sanscrit, Çârṅga) et de Kôdanda (aussi le Dieu est appelé Sârangapâni et Kôdandarâma), de la main droite il tient une flèche (ambou) ; un carquois (amoratoni) est accroché à son épaule droite ; sa tête porte la tiare (kridam) et ses pieds sont chaussés de sandales de bois (sadhâ). Sa couleur est toujours verte. A ses côtés se trouvent Sîtâ son épouse, qui tient à la main une fleur de lotus, Latchoumana (en sanscrit : Lakṣmaṇa), son frère, qui porte un arc et une flèche et le singe Hanoumân (en sanscrit : Hanumat).

Hanouman est, lui aussi, de couleur verte. On représente ce fils de Pavana (le vent) tantôt les mains jointes (Koumoudougouradou, añjali) tantôt assis sur sa queue enroulée en hélice (codicambon), tantôt portant Sandjivi pour guérir Râma et Latchoumana. La légende est la suivante :

La plante appelée Moulligaï a la propriété de guérir les malades et de ressusciter les morts. Elle croît sur la montagne d'Imayaguiri. Hanouman ne pouvant reconnaître cette plante au milieu des autres, enleva la montagne tout entière (Pl. XXXI, B).

Beaucoup d'épisodes du Râmâyaṇa sont traités par l'iconographie moderne. Les principaux sont :

Sîtâ-Kalyâṇa : le mariage de Sîtâ et de Râma (1).

Râma-sétoubandha : Hanouman et l'armée des singes

Fig. 26. — Combat de Râma et de Râvṇaa.

construisant le pont de Râma (le pont d'Adam entre l'Inde et Ceylan).

Râvaṇa-Youddam : Le combat de Râma et de Râvaṇa (fig. 26). Daçagriva, surnommé Râvana, roi des Râkchasas de Lankâ est représenté avec dix têtes et vingt bras portant des armes redoutables. Sa couleur est rouge et sur ses dix fronts sont marquées les trois raies blanches horizontales des Sivaïtes.

Râma-lingam dont nous avons parlé précédemment.

Râma-pattâbhichékam : Sacre de Râma à Aïoti (Ayodhyâ (Pl. XXXII, A). Râma est assis et fait le geste « Abhaya-hastam ». Sîtâ est assise à sa gauche et porte une fleur de lotus. Hanoumân soutient le pied de Râma. A côté du Dieu se

(1) Toutes les fois qu'on représente un mariage, on voit, sur l'image, des bananiers portant des fruits. C'est en effet l'usage dans le Sud de l'Inde de couper des bananiers portant leurs fruits et d'en orner le « pandal » (dais fait avec de la paille) sous lequel se fait la noce (voir par exemple Pl. XIV, B).

A—. Srirâma-avataram (image moderne . Râma, Sitâ, Latchoumana, Hanoumânt.

B. Hanoumânt (image moderne).

A. — Srirâma-pattabhichékam. (Sacre de Râma).

B. Enlevement de Sitâ (Kaïlâsa d'Ellora, VIIIe siècle).

tiennent Satroughna, tenant un parasol (coudaï) sur la tête du Dieu, Latchoumana et Bharata éventent Râma avec des chasse-mouches (chaurie). Aux pieds du Dieu on voit Vibhîchana (reconnaissable parce qu'il porte une moustache) qui vient d'être couronné roi de Laṇkâ à la place de son frère Râvaṇa (1).

Historique. — L'histoire de l'iconographie de la légende de Râma est une question aussi intéressante qu'importante.

Nous savons combien les scènes du Râmâyaṇa sont fréquemment représentées sur les monuments de l'époque de Bijanagar et de l'époque de Madura.

Le changement est complet lorsqu'on examine les sculptures des temples anciens. Nulle part on ne voit les images si populaires aujourd'hui de Sitâ, Latchoumana, Hanoumân, Râvaṇa, etc. Malgré nos recherches, nous n'avons vu sur les temples Pallavas aucune image qui puisse être identifiée avec Râma. Ce n'est pas à dire pour cela que ce personnage n'était pas connu dans le Sud de l'Inde aux VIIe et au VIIIe siècles. Il est probable qu'on le considérait comme un héros, mais il est certain qu'il n'était pas considéré comme une incarnation de Vichnou. Le livre appelé Saṇkara Vijaya (triomphe de Sankara) par Ananda Giri, et qui est antérieur au Xe siècle, donne l'énumération des divinités adorées de son temps ; or, il ne mentionne ni Râma, ni Sîtâ, ni Hanoumân (2).

(1) La description du Râmayana est un peu différente :
« Çatroughna lui-même portait le magnifique parasol blanc. Sougriva, le monarque des singes, tenait le blanc chasse-mouches et le blanc éventail. Le souverain de Rakshasas, Vibhishana, plein de joie, saisit pour éventer Râma un autre beau chasse-mouches avec un incomparable éventail semblable à l'astre des nuits », t. IX, p. 414. Valmiki Râmayana, traduit par Fauche.

(2) Dans le Kaïlâsa d'Ellora (seconde moitié du VIIIe siècle) il y a une longue galerie consacrée exclusivement aux bas-reliefs vichnouïtes. Il n'est pas douteux que les sculpteurs eussent représenté Râma parmi les incarnations de Vichnou si cela eût été conforme à la religion.

Il est incontestable cependant que le Râmayana était connu à cette

Il semble que le culte de Râma se répandit dans le Sud de l'Inde à l'époque de Bijanagar et peut-être sous l'influence des princes de ce royaume. Le singe-Dieu Hanoumân est, de nos jours encore, la divinité protectrice de la cité de Bijanagar.

8° **Balapatren (sanscrit : Balabhadra) ou Balarâma.** — Vichnou s'incarna en même temps dans les deux fils de Vasudêva et Dêvakî : Balarâma l'aîné, et Krichna le cadet.

Balarâma n'est donc qu'une portion (ansa) de divinité.

Son principal exploit est d'avoir vaincu le géant Vroutarassourer.

Nous n'avons jamais rencontré son image dans les temples antérieurs au XIIIe siècle. De nos jours on ne le représente que dans la série des incarnations.

Fig. 27. — Balarâma et Kaliki.

L'emblème distinctif de ce Dieu, c'est la charrue (en tamoul, Kalapé) (fig. 27). Aussi Balarâma porte-t-il les titres de : Râma-Làngalî (qui tient une charrue), Haladhara (qui porte

époque.

Sur la face méridionale du Kaïlâsa se trouvent deux bas-reliefs dont le sens est clair ; l'un représente un combat de singes, où il faut voir la lutte des deux frères Bali et Sugrîva ; au-dessous on voit la mort de Bali et deux personnages peuvent être identifiés avec Râma et Lakshmana, Râma n'apparaît ici que comme un simple héros. L'autre a pour sujet l'enlèvement de Sîtâ : Râvaṇa emporte dans l'espace un char où se trouve Sîtâ. Le vautour (Jatâyus) se précipite à sa poursuite et le géant

un soc de charrue), Kalàyoudha (qui a fait son arme d'un soc de charrue), Sankarshana (qui laboure les armées).

A la place de Balapatren, on cite parfois comme 8° incarnation de Vichnou tantôt Bahouda (qui n'est autre que Gautama), tantôt Veguttva avatàra (la pluralité des incarnations) qui combattit les jaïnas et les bouddhistes avec l'aide des Pannirandu Ajvâr (les douze apôtres) dont nous avons parlé précédemment.

9° **Krichna.** — Le héros du Mahâbhârata n'est pas moins connu que celui du Râmayana. Krichna (en tamoul Kirouchna, du sanscrit Kṛṣṇa, le noir), de race Yàdava (descendant de Yadu), eut pour père Vasoudêva et pour mère Dévégui (en sanscrit, Devakî). Son oncle Concha (en sanscrit, Kaṃça) voulait le faire périr, mais il fut sauvé miraculeusement et échangé contre la fille d'Assodaï (en sanscrit, Yasodâ) (1), épouse du berger Nanda.

se retourne pour frapper l'oiseau d'un coup mortel (Pl. XXXII, B).

Ce bas-relief est très remarquable par la particularité suivante : Le géant qui enlève Sità sur un char aérien n'a qu'une seule tête. Est-il donc permis de dire que c'est le même personnage qui, au-dessous du Kaïlâsa (Pl. XIV,A), est toujours représenté avec dix têtes et vingt bras ?

(1) Bràgavata Purâṇa (traduction Eugène Bournouf), liv. X, chap. I. — 27. Il y avait autrefois à Mathurà un chef des Yadus, nommé Çûrasêna, qui fit de cette ville sa résidence et qui régnait sur le pays des Mathuras et sur celui des Çûrasênas.

29. Or il arriva que Vasudêva, fils de Çûra, y vint prendre femme. Il était monté sur son char et il allait partir avec Dêvakî, sa nouvelle épouse.

30. Lorsque Kamsa, fils d'Ugrasêna, voulant être agréable à sa sœur, prit les guides en main au milieu d'une escorte de plusieurs centaines de chars d'or.

34. Chemin faisant, pendant que Kamsa tenait les rênes, il entendit une voix mystérieuse qui lui dit : le huitième enfant de celle que tu conduis là te mettra à mort, ô insensé !

35. Ainsi dit la voix, et le méchant, le pervers Kamsa, opprobre de la famille des Bhôdjas, se précipitant sur sa sœur pour la tuer, brandissait déjà son épée d'une main, et la tenait de l'autre par les cheveux.

36. Lorsque, pour apaiser ce prince impitoyable, éhonté, prêt à com-

Les exploits accomplis par Krichna dans son enfance sont nombreux :

1° Il tua la meurtrière des petits-enfants, Pûtanâ, qui était venue l'allaiter pour lui faire boire un lait empoisonné.

2° Avec son pied il renversa une charrette.

mettre un crime abominable, le fortuné Vasudêva lui adressa ces paroles :

54. Vasudêva dit : ce n'est pas d'elle, ami, que tu as à craindre ce qu'a dit la voix mystérieuse, c'est de ses fils ; je te les livrerai, puisque là est le danger pour toi.

55. Kamsa, convaincu par ces paroles, renonça à faire périr sa sœur ; et Vasudêva, après l'avoir félicité avec effusion, se rendit à sa demeure.

56. Ensuite, Dêvakî, pour qui celui-là seul est toutes choses, est Dieu, mit au monde à terme, d'année en année, huit fils et une fille.

Chap. II. — 4. Le fils d'Ugrasêna avait déjà fait périr les six premiers enfants de Dêvakî.

5. Lorsqu'un septième, en qui Vich$_n$u réside et qu'on appelle Ananta (Râma), naquit à Dêvaki, nouveau sujet pour elle de joie et de chagrin.

6. Bhagavat, qui est l'âme de l'univers, connaissant le péril que Kamsa faisait courir aux Yadus, ses dévoués serviteurs, dit à la Mâyâ du Yôga :

7. Déesse fortunée, va au Parc qu'animent les vachers et leurs troupeaux. Là demeure, dans la vacherie de Nanda, l'épouse de Vasudêva, (nommée) Rôhinî ; les autres, c'est dans des cavernes qu'elles habitent, par crainte de Kamsa.

8. Dêvakî porte dans son sein un fruit qui a nom Sêcha (Râma) et en qui je réside : retire-le et dépose-le dans le sein de Rôhinî.

14. Ainsi avertie par Bhagavat, la Déesse, ayant accueilli son ordre en disant : Oui, salut ! et ayant tourné autour de lui, vint sur la terre et fit comme il avait dit.

Chap. III. — 1. Ensuite vint le temps réunissant toutes les conditions propices et brillant d'une suprême beauté : la constellation du fils d'Adjana (la constellation Rôhinî) éclipsait les constellations, les planètes, les étoiles ;

8. Et, pour la naissance de Djanârdana, l'heure de minuit s'enveloppait de ténèbres, lorsque du sein de Dêvakî à la beauté divine naquit Vichṇu, qui réside dans tous les cœurs, tel de la région de l'Est (surgit) l'astre splendide des nuits.

47. Puis au moment où le fils de Çûra, inspiré par Bhagavat, se préparait à quitter avec son fils la chambre de la jeune mère, la Mâyâ du Yôga, Adjâ (l'Incréée) naquit au sein de l'épouse de Nanda.

48. Quand elle eut ôté aux gardiens des portes tout sentiment de la perception et plongé dans le sommeil les habitants de la ville, toutes

A. Kirouchna-avatàram (image moderne).

B. — Navénida-cannan (Krichna voleur de beurre), image moderne.

Venou-gobalam Krichna (flûtiste), panneau de char (XVIIe siècle).

3° Il étrangla Triṇârvata qui voulait l'emporter dans les airs.

4° Attaché au mortier, il vola du beurre et déracina les arbres adjunas.

5° Il tua, en le lançant contre un arbre, un démon (en tamoul, Richaba-souram) qui s'était métamorphosé en veau.

6° Il tua l'oiseau Bakâ.

7° Il vainquit le serpent boa Agha.

8° Il jeta au faîte d'un arbre l'âne Dhénuka.

9° Il dompta le serpent Kâliya.

10° Il tua le démon Pralamba qui voulait l'emporter sur ses épaules en faisant semblant de jouer.

11° Il dévora le feu de l'incendie.

12° Il enleva les habits des bergères

13° Il souleva la montagne Govardhana.

14° Il se livra aux jeux du Râsa.

15° Il vainquit le serpent Çankhatchûda.

16° Il tua successivement : le buffle Arichta .

17° Le cheval aîlé Kécin.

18° Le magicien Vyôma.

19° L'éléphant Kuvalayâpîda.

20° Kamsa, le roi de Mathurâ.

Quelques-uns de ces épisodes sont plus fréquemment représentés et il importe de les étudier particulièrement.

les portes, qui étaient fermées et défendues par d'énormes verrous, des barres de fer et des chaînes,

49. S'ouvrirent d'elles mêmes à l'approche de Vasûdêva tenant Krichṇa dans ses bras : tels les ténèbres (se dissipent à l'arrivée) du soleil. Le nuage épancha ses eaux avec un sourd grondement, pendant que Çécha, allant derrière eux, les abritait sous ses crêtes.

51. A son arrivée dans le Parc de Nanda, le fils de Çùra y trouva les bergers assoupis sous l'influence de Nidrâ (la déesse du sommeil mystique) ; il déposa son fils sur la couche de Yaçôda, et, lui prenant sa fille, il revint avec elle à sa demeure.

52. Après avoir déposé la jeune fille sur la couche de Dèvakî, il se mit lui-même les fers aux pieds, et redevint prisonnier comme auparavant.

Kattounda-kannan (Krichna attaché) (fig. 28, A).

« Nous empruntons au Bhâgavata Purâṇa (traduction de Burnouf) la légende suivante :

« Chap. IX. — 1. Un jour, pendant que les servantes étaient occupées à d'autres travaux domestiques, Yaçôdâ, l'épouse de Nanda, battait elle-même le beurre ;

« 5. Elle le prit sur ses genoux, et, lui livrant ses seins d'où le lait s'échappait sous l'influence de la tendresse maternelle, elle regardait son visage souriant, lorsqu'elle se débarrassa soudain de lui avant qu'il fût rassasié, et courut à son lait qui était sur le feu et qui montait.

« 6. L'enfant mordit de colère ses lèvres rouges et frémissantes, brisa la baratte avec un pilon de pierre en faisant semblant de pleurer, et alla manger le beurre frais en cachette dans la maison.

« 7. Une fois le lait bouilli et retiré du feu, la bergère rentra, et, devinant, à la vue de la baratte brisée, que c'était l'œuvre de son fils, comme elle ne le voyait pas là, elle se mit à rire.

« 8. Perché sur le pied du mortier, il gorgeait un singe avec le beurre frais suspendu dans un filet, tout en trahissant par ses regards la crainte d'être surpris. Dès qu'elle eut aperçu son fils, elle s'approcha tout doucement de lui par derrière.

« 9. Krichṇa la voyant venir avec une baguette à la main, descendit à la hâte et s'enfuit comme s'il eût été pris de peur ; et la bergère se mit à poursuivre Celui que n'atteignent point les Yôgis ; alors même que leur cœur est devenu, par la pénitence, capable de s'unir à lui.

« 10. Sa mère le poursuivait, et, quoique retardée dans sa marche par le poids de ses hanches mobiles, dont l'ampleur faisait valoir la finesse de sa taille, et (par son ardeur) à ramasser tout en courant les fleurs qui tombaient de ses cheveux dénoués, elle mit enfin la main sur lui.

« 11. Le coupable, pleurant et se frottant les yeux, en éta-

A. — Krichna terrassant le serpent Kâlinga (Kailâsa d'Ellora, VIII siècle).

B. Gopikâ-vastrâ-apaharanam (enlèvement des habits des bergères).

A. Krichna entre Radha et Roukoumani.

B. – Mogheni (image moderne).

lait le noir collyre avec la main et jetait sur sa mère des regards craintifs, pendant que celle-ci, le tenant par le bras, le gourmandait d'un ton menaçant.

« 12. Laissant là sa baguette, quand elle vit que son fils avait peur, la tendre mère voulut du moins l'attacher à une corde, ne se doutant pas de ce qu'était sa puissance.

« 15. La corde avec laquelle la bergère attachait le petit coupable, son fils, étant trop courte de deux doigts, elle en ajouta une seconde.

« 16. La nouvelle corde étant aussi trop courte, elle en ajouta encore une autre ; et, à chaque corde qu'elle prenait pour l'attacher, il manquait toujours deux doigts.

« 18. La sueur ruisselait sur ses membres ; les tresses de ses cheveux etsa guirlande flottaient éparses. Krichṇa voyant sa mère à bout de force, eut pitié d'elle et s'attacha lui-même

« 22. Pendant que sa mère était absorbée par les soins du ménage, le puissant Krichṇa vit deux arbres ardjunas, deux anciens Huhyakas, fils du Dieu des richesses.

« 22. Que Nârada avait jadis maudits et changés en arbres, en punition de leur ivresse ; on les appelait Nalakûbara et Manigrîva ; et ils étaient éblouissants de beauté.

Chap. X. 26. — Krichṇa s'avança entre les deux ardjunas jumeaux, et Celui qui est l'âme universelle y avait à peine pénétré que le mortier prit une direction oblique.

« 27. Sous l'effort de l'enfant qui le tirait, le mortier suivit net ; les deux arbres, délivrés subitement par Dâmôdara (Krichṇa) des entraves où leurs pieds étaient attachés, s'abattirent en secouant violemment, au contact de la puissance du Très-Haut, leur tronc, leurs branches et leurs ramilles avec un bruit formidable. »

Krichṇa volant du beurre (Navénida cannan) est très fréquemment représenté (Pl. XXXIII, B). Le Dieu, comme un petit enfant, est nu et sa tête est ornée de plumes de paon ; d'une main il tient un pot (panelle) plein de beurre et il approche de sa bouche l'autre main pleine de beurre (1).

La figure 28 A montre Dàmôdara attaché par une corde au mortier et délivrant les arbres ardjunas.

FIG. 28. — Exploits de Krichṇa.

Vénou-Gobala (le berger au bambou) (pl. XXXIV). Krichṇa est souvent représenté dans l'attitude d'un berger (gopâla) jouant de la flûte sous un arbre au milieu de son troupeau.

Bagachouren Vadeï (le meurtre de Baka) (fig. 28, B).

Bhâgavata Purâṇa (traduction de Burnouf).

« Chap. XI. — 35. Tous les jeunes bergers, voulant un jour désaltérer leurs troupeaux, se rendirent au bord d'un étang; ils y firent boire leurs veaux et burent eux-mêmes ensuite.

« 36. Apercevant alors, immobile devant eux, un animal gigantesque, pareil à un pic de montagne détaché par la foudre, les enfants furent pris de peur.

« 37. C'était le grand Asura, nommé Baka (grue) paraissant sous la forme de l'oiseau de son nom. Il fondit soudain sur Krichṇa et l'engloutit violemment dans son bec affilé.

(1) M. Guimet a remarqué une ressemblance très grande entre l'image hindoue de Krichṇa mangeant du beurre et les statuts égyptiennes de Chons aux bourgeons.

M. Flinders Petrie a déjà signalé la ressemblance des images d'Horus et de Krichṇa.

« 38. En voyant Krichṇa dévoré par cette grue monstrueuse, Râma et les autres enfants furent frappés de stupeur, comme les sens quand la vie les quitte. »

« 39. Baka, sentant que le fils du berger, le père du gourou des mondes (Brahmâ) lui brûlait le palais jusqu'à la racine comme un feu dévorant, le jeta soudain avec fureur sans l'avoir blessé ; et il marcha de nouveau sur lui pour le frapper avec son bec.

« 40. Au moment où Baka, l'ami de Kamsa, se jetait sur lui, celui qui fait le bonheur des bons le saisit de ses deux mains par les deux mandibules, le déchira en se jouant, comme une plante à tige sans nœuds, sous les yeux de ses jeunes compagnons, et remplit de joie les habitants du ciel. »

Kâlînga-Mardanam (l'écrasementde Kâlîya) (fig. 29).

Fig. 29. — Kalinga-mardanam.

Scène qui rappelle la légende d'Hercule et de l'hydre de Lerne.

Bhâgavata Purâṇa (traduction de Burnouf).

« Chap. XVI. 4. Kâliya occupait dans le Kâlindî (la Yamunâ un lac dont le feu de son venin faisait bouillonner les eaux, et où tombaient les oiseaux qui s'aventuraient au-dessus.

« 6. Krichṇa, qui descend ici-bas pour châtier les méchants, voyant l'énergie, les effets foudroyants, irrésistibles du poison dont le serpent souillait la rivière, monta sur un kadamba très élevé, et de là, défiant le monstre et se ceignant les reins, il plongea dans l'eau empoisonnée.

« 9. Pendant que le beau et jeune héros, aussi gracieux que le nuage, paré du Çrîvatsa, vêtu d'une robe jaune, et le visage épanoui par le sourire, se jouait avec insouciance en agitant ses pieds pareils au calice du lotus, le serpent le mordit de rage aux sources de la vie et le couvrit de ses anneaux.

« 24. Comme le corps de Krichṇa, en se gonflant, causait des souffrances atroces au serpent qui le tenait enveloppé dans ses replis, celui-ci, lâchant prise et hérissant ses crêtes avec fureur, se mit à siffler en dirigeant sur Hari le fluide empoisonné de ses narines, ses yeux fixes, pareils aux trous d'une poêle à frire, et sa gueule où brillait un tison ardent.

« 25. Il promenait sa langue fourchue sur les deux coins de sa gueule et tenait tout grands ouverts ses yeux d'où jaillissait un feu empoisonné, pendant que Krichṇa le harcelait de tous côtés, en se jouant comme fait le roi des oiseaux. Le serpent, s'agitant en tous sens, cherchait à le surprendre.

« 26. Quand Kâliya eut épuisé ses forces à tourner ainsi, le (Purucha) primitif, pesant sur les nuques renflées du monstre, se dressa sur ses larges crêtes, et, colorant d'un rouge ardent le lotus de ses pieds divins au contact des pierreries innombrables des têtes du serpent, il se mit à danser en maître consommé dans tous les arts.

» 28. Chaque fois qu'une tête du monstre aux cent têtes proéminentes refusait de se courber, le héros armé du châtiment contre les méchants l'écrasait sous ses bonds, ô roi, tandis que le serpent, se roulant en tous sens, à demi-mort, et rendant des flots de sang par les gueules et par les narines, tombait dans le trouble le plus profond.

« 29. Chaque tête qu'il redressait en vomissant le poison par les yeux et en poussant avec rage un sifflement aigu, Krichṇa la faisait ployer, la maîtrisait sous le mouvement cadencé de ses pieds ; tel l'antique Purucha que les hommes honorent ici-bas par des pluies de fleurs.

« 30. Lorsque sous les bonds effrénés de sa danse merveilleuse il eut mis en pièces les crêtes du serpent, pareilles à une ombrelle, et brisé ses membres, celui-ci, ô roi, rejetant des flots de sang par toutes ses gueules, se souvient du précepteur des mondes mobiles et immobiles, de l'antique Purucha, de Nârâyaṇa, et il recourut à lui par la pensée.

« 66. Après qu'il eut ainsi honoré le maître des mondes et qu'il se fut concilié le Dieu qui a nom Garuḍa pour symbole, il tourna autour de lui, le salua avec joie.

« 67. Et, suivi de ses femmes, et de ses fils, il se rendit avec sa permission, dans l'île de Ramaṇaka. Au même instant, les eaux de la Yamunâ cessèrent d'être empoisonnées et prirent la douceur de l'ambroisie.

Gopikâ-Vastrâpaharanam (enlèvement des habits des bergères). — Scène appelée aussi Jala-Krîdâ (les jeux de l'eau) (Pl. XXXV, B).

Bhâgavata Purâṇa (Traduction de Burnouf).

« Chap. XXII. 1. Çuka dit : Durant le premier mois de l'hiver, les jeunes femmes du Parc de Nanda célébrèrent en l'honneur de Kâtyâyanî (Durgâ) de pieuses observances, pendant lesquelles elles ne vécurent que de graines sauvages.

» 2. Elles se baignaient dans les eaux de la Kâlindî (la Yamunâ) et, dès les premières lueurs du soleil, faisant au bord de l'eau une image de la Déesse avec le sable de la rive, elles l'adoraient, ô roi !

« 8. Le bienheureux Krichṇa, le maître des maîtres du Yogâ, approuvant leur pensée et voulant leur assurer le fruit de leur sacrifice, se rendit à cet endroit avec ses camarades.

« 9. Il enleva les vêtements des jeunes femmes, monta à la hâte sur un arbre nîpa, et, tout en échangeant des sourires avec ses amis, il dit en plaisantant :

« 10. Femmes, venez ici, et que chacune prenne, comme elle voudra, les vêtements qui sont à elle. C'est sérieusement que je parle, je ne plaisante pas, car vous êtes exténuées par le jeûne.

« 12. A ces espiègleries de Krichṇa, les bergères, dont le cœur débordait d'amour, honteuses et se regardant entre elles, souriaient sans sortir de l'eau.

« 13. Pendant que Gôvinda parlait ainsi, les jeunes femmes, dont ses plaisanteries avaient ravi les cœurs, plongées dans l'eau froide jusqu'au cou, lui dirent en frissonnant :

« 14. Allons, pas d'inconvenances ! Nous savons qui tu es, ô enfant ! tu es le fils chéri du berger Nanda, et tous chantent tes louanges dans le Parc. Donne-nous nos vêtements nous grelottons.

« 15. O toi dont le teint foncé relève la beauté, nous sommes tes esclaves, et ce que tu as dit, nous voulons le faire. Donne-nous nos vêtements, toi qui connais le devoir ; sinon nous porterons plainte au roi.

« 16. Bhagavat dit : Si vous êtes mes esclaves, si vous voulez faire ce que j'ai dit, venez prendre vos vêtements, ô belles au pur sourire.

« 17. Alors toutes les jeunes femmes, frissonnant de froid, sortirent de l'eau en couvrant leur nudité des deux mains et en se ramassant sur elles-mêmes sous l'impression du froid.

« 18. Le Bienheureux, voyant qu'elles avaient été légèrement blessées fut gagné par la pureté de leurs sentiments, il mit leurs vêtements sur une branche et il leur dit avec un sourire affectueux :

« 19. Vous avez offensé les Dieux en descendant toutes nues dans l'eau pendant le temps de vos observances pieuses ; pour effacer votre péché, joignez les mains sur vos têtes et inclinez-vous profondément et emportez vos robes.

« 21. Alors les voyant prosternées devant lui, le bienheureux fils de Dêvakî, touché par cette marque de soumission, leur rendit leurs vêtements avec bonté.

« 22. Il s'était grossièrement moqué d'elles, il leur avait fait dépouiller toute pudeur, il s'était joué d'elles, les faisant mouvoir comme des marionnettes et leur enlevant leurs vêtements ; cependant elles ne lui en surent pas mauvais gré, tant leur bonheur était grand d'être si près du bien-aimé.

« 23. Elles revêtirent leurs robes et, prêtes à s'unir à l'objet de leur amour, le cœur occupé de lui seul, elles ne bougeaient pas et tenaient leurs yeux fixés sur lui avec pudeur. »

Govardanaguiri. — (Krichṇa supportant la montagne Govardhana).

Bhâgavata Purâṇa (Traduction Bournouf).

« Chap. XXIV. 1. Pendant que Bhagavat résidait dans le Parc en compagnie de Baladêva, il vit un jour les bergers occupés aux préparatifs d'un sacrifice en l'honneur d'Indra.

« 2. Bhagavat savait bien ce qu'ils faisaient, étant l'âme universelle et Celui qui voit tout ; s'inclinant avec respect devant Nanda et les autres vieillards, il leur adressa cette question :

« 3. Dis-moi père, pourquoi l'agitation qui règne parmi vous ? Quel en doit être le fruit ? A quelles prescriptions obéissez-vous ? Avec quoi célébrez-vous ce sacrifice ?

« 8. Nanda dit : Le Bienheureux Indra est le Dieu de l'orage, et les nuages sont ses formes sensibles ; ce sont eux qui répandent sur les êtres l'eau qui les fait vivre et respirer.

« 12. Ainsi parlèrent Nanda et les autres habitants du Parc. Après les avoir entendus, Kêçava, qui voulait pousser Indra à bout, dit à son père :

« 15. Qu'importe Indra aux êtres de ce monde, puisque chacun y subit l'influence de ses œuvres, puisque Indra ne peut rien changer au lot que le Naturel assigne aux hommes ?

« 17. Si la créature s'unit à des corps d'un ordre inférieur ou d'un ordre supérieur, si elle les quitte, c'est en vertu de l'œuvre. L'œuvre est pour elle l'ennemi, l'ami est l'indifférent, c'est le gourou, c'est Içvara.

« 18. Ainsi c'est l'œuvre que doit honorer la créature qui se fait à elle-même sa destinée en obéissant au Naturel. La vraie divinité du sacrifice, pour elle, c'est elle qui la fait vivre.

« 25. C'est donc aux vaches, aux brahmanes et à la montagne qu'il faut sacrifier, et c'est à ce sacrifice-là qu'il faut faire servir les préparatifs destinés à celui d'Indra.

« 38. Il dit, et les bergers, ayant achevé le sacrifice en l'honneur de la montagne, des vaches et des brahmanes, ainsi que le fils de Vasudêva le leur avait conseillé, retournèrent au Parc en compagnie de Krichṇa.

« Chap. XXV. 1. Alors Indra, voyant ses honneurs abolis, tourna sa colère contre Nanda et les autres bergers, qui avaient pris Krichṇa pour protecteur.

« 2. Les nuages destinés à mettre fin aux mondes forment un bataillon à lui soumis, qu'on appelle le Destructeur. Blessé dans son orgueil de maître souverain, Indra furieux, stimulant leur ardeur, dit aux nuages ces paroles :

« 6. En mettant leur espoir dans un enfant bavard, sot, ignorant et présomptueux, dans Krichṇa, dans un mortel, les bergers m'ont blessé au vif.

« 6. Puisque la prospérité les rend si fiers et l'appui de Krichṇa si confiants en eux-mêmes, abattez l'aveugle ivresse que leur inspire la prospérité, détruisez leurs troupeaux.

« 7. Moi-même montant mon éléphant Airâvatâ, je marcherai contre le Parc, j'irai avec les puissantes légions des vents détruire les étables de Nanda.

« 8. A cet ordre de Maghavan, les nuages déchaînés, s'abattant en pluies torrentielles sur le Parc de Nanda, s'y appesantirent violemment.

« 9. Etincelant du feu des éclairs, mugissant des éclats de la foudre et poussés par les troupes acharnées des Maruts (les vents), ils y fondirent en avalanches d'eau et de gravier.

« 11. Les animaux domestiques frissonnant sous la pluie battante et sous les coups de vent, comme les bergers et les bergères grelottant de froid, recoururent tous à la protection de Gôvinda.

« 14. A la vue de la pluie de gravier qui s'abattait avec violence sur les habitants du Parc et les affolait, le bienheureux Hari reconnut les effets de la colère d'Indra.

« 15. Cet orage hors de saison et formidable (se dit-il), ces coups de vent, cette pluie de sable, c'est Indra qui les envoie pour nous perdre, parce que nous avons aboli son culte.

« 18. Puis donc que le Parc voit en moi son refuge, son protecteur et son soutien, je le sauverai par un acte de ma puissance mystérieuse ; ma résolution est arrêtée.

« 19. Ainsi dit Krichṇa, et, d'une seule main soulevant le mont Gôvardhana de sa base, il le soutint en l'air aussi facilement qu'un petit enfant soutient un champignon.

« 20. Bhagavat dit alors aux bergers : Mère, père, et vous, habitants du Parc, entrez comme vous voudrez sous la montagne, vous et vos troupeaux.

« 22. Rassurés alors par les paroles encourageantes de Krichṇa, ils entrèrent sous la montagne et s'y établirent le mieux qu'ils purent, avec tout ce qu'ils avaient, avec leurs troupeaux et leurs serviteurs.

« 23. Insensible aux souffrances de la faim et de la soif et indifférent à son propre bien-être, il soutint la montagne pendant 7 jours, sous les yeux des habitants du Parc, sans bouger de place.

« 24. Indra, témoin de la puissance mystérieuse de Krichṇa, en fut émerveillé ; à bout de ressources et renonçant à ses desseins, il rappela les nuages, ses serviteurs. »

Roukoumani Kalyana. — C'est le mariage de Krichṇa et de Roukoumani (en sanscrit, Rukmiṇî) fille du Râjâ de Vidarbha (Dvarka).

Krichṇa est représenté aussi (Pl. XXXVI, A) avec son épouse Roukoumani et sa maîtresse préférée Râdhâ, dans son palais de Douaraga.

Historique. — On peut établir un fait précis sur l'histoire de l'iconographie de Krichṇa : deux légendes se rencontrent souvent dans les temples anciens.

1° Le héros terrassant le serpent Kâliya.

2° Soutenant la montagne Gôvardhana.

Toutes les autres légendes de la vie de Krichṇa semblent être inconnues des sculpteurs du VIIe et du VIIIe siècle.

Krichṇa vainqueur du serpent Kâliya est représenté sur le Dharmarâja à Mavalipuram (côté sud, 1er étage) (remarquons que le serpent a le haut du corps d'un homme), et dans le temple de Vaïkuntha Perumal, à Kâñchîpuram (A. Rea, *Pallava Architecture*, pl. LXXXIII, fig. 3) (1).

Un grand bas-relief de Mavalipuram représente Krichṇa supportant la montagne Gôvardhana au-dessus des bergers et des troupeaux (fig. 30) (2).

Fig. 30. — Bas-relief de Mavalipuram (VIIe siècle) représentant Krichna supportant la montagne Gôvardhana (Dessin de Babington).

(1) C'est de la même manière que ce sujet est sculpté dans le Kaïlâsa d'Ellora (pl. XXXV, A) ; mais dans ce dernier endroit le héros a quatre bras dont l'un porte « sankha », ce qui prouve qu'à cette époque (VIIIe siècle) il était identifié avec Vichnou.

(2) « Krichṇa est ordinairement représenté jouant de la flûte et char-
« mant toute la création par ses accents divins. Un des personnages
« est justement figuré avec cet instrument aux lèvres ; il faudrait donc
« supposer que le Dieu est représenté deux fois dans le même tableau.
« Il est plus simple de penser que le joueur de flûte que nous avons

Le même sujet se trouve dans le temple de Vaïkuntha Perumal, à Kâñchipuram (A. Rea, *Pallava Architecture*, pl. LXXVIII, fig. 3) (1).

Nous serions tenté de croire qu'au VIIe siècle les deux exploits se rapportant au serpent Kâliya et à la montagne Gôvardhana n'étaient pas encore attribués au héros du Mahâbhârata (2).

Un fait incontestable, c'est que les légendes poétiques et gaies du petit Krichna (Krichna volant du beurre, Krichna et les baigneuses, Krichna flûtiste, Krichna et ses femmes) sont totalement absentes de l'iconographie hindouïste avant le XIIe siècle.

Draupadî et les Pândavas. — Les cinq frères Pândavas (pancha Pândava) : 1° Dharmarâja ou Yudhisthira ; 2° Bhîma (le terrible) ; 3° Arjounin (en sanscrit Arjuna, le blanc) ; 4° Nakulâ ; 5° Sagadévin (en sanscrit, Sâhadêva), tous les cinq, époux de la belle Krichnâ ou Draupadî (fille de Draupada), et qui combattirent les Kurus (dont le chef était Duryôdhana) sont vénérés dans le Sud de l'Inde. Arjounin est le plus célèbre ; il est représenté tenant à la main son arc Gândîva.

Dans les mois de Chitteré, de Vayassi et d'Ani, on célèbre la fête de Nerpou-tirumal (fête du feu) en l'honneur de Draupadî qui se purifiait en marchant sur le feu, chaque fois qu'elle changeait d'époux.

Le soir de la fête, les Hindous qui, pour obtenir une faveur, ont fait le vœu de marcher sur le feu, se couvrent le corps de safran, s'ornent de fleurs, et aux sons de la musique, traversent nu-pieds un espace rectangulaire couvert de charbons ardents.

« sous les yeux est un vacher quelconque. » *Le tour du monde. Huit jours aux Indes*, par Emile Guimet, 1889, p. 96, LVI, 1440e livraison.

(1) Et aussi dans le Kaïlâsa d'Ellora.

(2) Krichna le Yaduide est identifié à Gôvinda, dieu pastoral, Râma, le Raghuide est identifié à un dieu populaire, le vainqueur des démons, Râma (Chantepie de la Saussaye, *Histoire des religions*, p. 404).

Historique. — L'épisode de Siva poursuivant sous la forme d'un chasseur un sanglier afin d'éprouver le courage d'Arjuna (Mahâbarata : Vana-Parva, 1516-1713) se voit sur le temple de Kaïlâsanâtha, à Kâñchîpuram (A. Rea, *Pallava Architecture*, pl. XXXIV, image de droite).

10° **Kalki.** — L'incarnation de Vichnou en géant à tête de cheval blanc portant un sabre et un bouclier n'a pas encore eu lieu ; elle se produira à la fin du monde. Rarement représenté et seulement sur les temples modernes, cet avatar, le dixième et dernier, porte le nom de Kalki (fig. 27) (1).

Moghênî ou Môhinî. — Quand nous avons cité la traduction du Bhâgavâta Purâṇa au sujet du barattement de la mer de lait, nous avons dit que Vichnou prit la forme d'une belle femme afin de séduire les géants et leur enlever l'amourdon (sanscrit : amṛta) (pl. XXXVI, B). Cette image ne se voit que dans les temples modernes.

Venkatésa Pérumal. — Certains docteurs vichnouïstes sont considérés comme des incarnations de Vichnou. Le plus célèbre est Venkatésa (Vênkadâchala-mûrti ou Vênkadêsvara-Pérumal), Dieu de Vênkada (Tirupati). On le représente généralement comme dans la figure 20, entre Srîdevi et Bhûmi-dêvî.

§ 2. — Lakchmi (en sanscrit, Lakṣmî).

Epouse de Vichnou (qui est appelé Lakchmîpati, époux de Lakchmî), elle est née de la mer de lait (d'où son nom de Jaladhi jâ). Elle est appelée aussi Sridêvi et elle est considérée comme déesse du ciel et de la fortune.

Elle se tient à la droite de Vichnou et porte de la main gauche une fleur de lotus (padma, kamala ou tâmarasa).

Lorsque Vichnou s'incarna en Râma, Lakchmî s'incarna

(1) Selon Lassen, l'idée d'une descente de Vichnou sous la forme d'un cheval n'apparut dans l'Inde qu'après que Mahmoud de Ghazni eut triomphé des Hindous à l'aide de sa cavalerie.

en Sîtâ, et quand Vichnou s'incarna en Krichna, Lakchmî s'incarna en Koukoumani.

Gadja-Lakchmî. — Dans l'iconographie moderne on représente souvent (pl. XXXVII, A) la déesse Lakchmî assise, les jambes croisées, sur un trône de lotus. Elle a quatre bras. Deux de ses mains font le geste Abhaya-hastam. Les deux mains d'arrière portent chacune une fleur de lotus.

De chaque côté de Lakchmî, un éléphant soulevant un vase d'eau avec sa trompe arrose la fleur que la déesse tient devant lui.

Historique. — Ce sujet est extrêmement ancien. Deux cents ans avant notre ère, les sculpteurs bouddhiques représentaient une déesse entre deux éléphants.

A Mavalipuram (VIIe siècle), dans la cave de Varâgha, un bas-relief (pl. XXXVII, B) montre comment cette scène était traitée par les artistes Pallavas (1).

On la trouve dans le temple de Kaïlâsanâtha à Kañchîpuram (A. Rea, *Pallava Architecture*, plate XXX).

Si l'on compare les motifs anciens avec ceux de l'iconographie moderne, on remarquera qu'autrefois ce sujet représentait le bain de la déesse. Elle était assise dans le costume le plus simple au milieu d'un étang, et c'est elle qu'arrosaient les éléphants.

Aujourd'hui la déesse, magnifiquement habillée et ornée de bijoux, ne se baigne pas, et les éléphants versent de l'eau, non plus sur ses épaules, mais sur les fleurs qu'elle tient à la main.

§ 3. — Manmadan.

Manmadan (du sanscrit, Manmatha, celui qui agite le cœur), appelé aussi Kâma (désir), Abhi-rûpa (le joli), fils de Vichnou et de Lakchmî, est l'Eros des Hindous.

(1) Deux bas-reliefs analogues existent dans le Kaïlâsa d'Ellora. L'un d'eux se trouve à l'entrée de ce temple, et c'est la première chose que voit le visiteur qui pénètre dans le monument.

Manmadan ayant frappé de ses flèches Siva dans les austérités, ce Dieu consuma d'un regard le corps de Manmadan. Dès lors, Manmadan reçut le nom d'Ananga : l'incorporel.

Cet événement est commémoré par le fête de Kâma-dahanam qui a lieu pendant le mois de Phâlguna (mars).

Fig. 31. — Manmadan.

On représente Kâma (fig. 31) monté sur un perroquet. Ses flèches sont des fleurs ; son carquois contient cinq (le nombre est caractéristique) flèches qui représentent chacune une passion dont le charme magique provoque l'amour. Chaque flèche est une fleur de lotus, de mangue, de jasmin, d'asoka, de lys bleu : Amra (fleur de manguier), Nâ-

(1) Kâma est représenté dans le Kaïlâsa d'Ellora. Il tient son arc de canne à sucre : il est debout, mais sans perroquet, et il a pour emblème un « makara ».

gatesara (mesua ferrea). Tchampaka (michelia champaka), Kétaka (pandanus adoratissimus), Maloura (egle marmelos). Aussi Kâma porte-t-il les épithètes de Panchâsana (qui a 5 flèches), Kusumâyudha (armé avec des fleurs), Ainganaikijaven (maître des cinq flèches), Puchpa Kêtana (orné de fleurs).

L'arc de Manmadan est une canne à sucre (d'où le nom de Kâma : Karuthiyakaruppuvilli) et la corde de l'arc est faite d'abeilles se tenant par les pattes. Le dard de Kâma s'appelle Kamabouna (du sanscrit, Kâmabâna, flèche d'amour). Sur ses enseignes Kâma porte un Makara (sorte de crocodile) d'où son nom : Mînurukoḍiyuyarttôn.

La femme de Manmadan est Rati (débauche) qui est représentée montée sur un cygne ou une oie.

Kâma s'incarna en Pradyumna fils aîné de Krichna.

Historique. — Manmadan et Rati sont très probablement représentés sur le temple de Kâïlâsanâtha, à Kâñchipuram (A. Rea, *Pallava Architecture*, pl. XLIII, fig. 1) ; un petit gandharva qui se tient à côté d'eux porte en effet une enseigne ornée d'un Makara.

CHAPITRE III

BRAHMA ET LES DIVINITES SECONDAIRES

§ 1. — Brahmâ (tamoul, Biramane).

Brahmâ est le Dieu brahme ; c'est l'auteur des Vêdas. Nous l'avons vu célébrant le mariage de Siva et de Pârvatî et versant de l'eau lustrale sur le pied de Vichnou-Trivikrama.

Les brahmes font en son honneur la cérémonie de Sandivané, mais il n'a pas de temples spéciaux.

Brahmâ occupe une place importante dans l'iconographie. Nous l'avons déjà vu dans la Trimourti. C'est lui qui conduit le char de Siva (Tripourasamhari). Nous avons parlé de ses efforts pour atteindre le sommet de la colonne étincelante de Tirouvannamalai.

Il est assis sur la fleur de lotus qui sort du ventre de Vichnou couché sur le serpent (Ranganâda).

Avec les autres Dieux, il tient la queue du serpent pour baratter la mer de lait.

On le reconnaît aisément parce qu'il a quatre visages (Catur-mukha, Catur-ânana, Nâlu-mukha), dont trois seulement sont visibles dans les peintures et les bas-reliefs, le quatrième se trouvant par derrière.

Selon une légende, ces quatre têtes proviennent de ce qu'il y a 4 védas et que chaque véda est sorti de l'une de ses quatre bouches.

On assure qu'il avait autrefois 5 têtes, mais que Siva coupa la cinquième. Lorsque nous avons parlé de Baïravar, nous avons donné une première légende ; il en existe une seconde :

A. — Gadja-Lakchmi (image moderne).

B. Gadja-Lakchmi à Mavalipuram (VIIe siecle).

A. — Brahmà dans une cave de Trichinopoly (VIIe siècle).

B. — Sarasvati (image moderne).

En proie à une passion coupable Brahmâ voulut séduire sa propre fille Sandhyâ. En vain, celle-ci pour lui échapper se réfugiait dans les retraites les plus secrètes ; à chaque mouvement qu'elle faisait pour fuir, il naissait à Brahmâ une nouvelle tête avec une face nouvelle dont les regards pénétrants poursuivaient et découvraient sa fille. Enfin, Siva

Fig. 32. — Brahmâ.

indigné lui coupa une de ses têtes et la plaça dans sa chevelure comme trophée.

Brahmâ n'est pas coiffé de la tiare cylindrique des divinités vichnouïtes ; ses cheveux nattés sont réunis en touffe conique (mukuṭa) (figure 32). Sa couleur est rouge ou plus exactement rose.

Il a quatre bras, et les bras d'arrière portent des insignes. La main droite d'arrière tient un disque ovale bordé de perles et appelé Brahmâ-tandram. On affirme que c'est avec cet instrument qu'il marque leur destinée sur le front des hommes ; mais à l'origine, c'était peut-être une cuiller pour les sacrifices.

De la seconde main droite, il tient un chapelet (jata-malat formé de grains de « Roudrakshаm ».

La main gauche d'arrière porte un insigne appelé Kamandalam (sanscrit : Kamandalu) qui est un vase pour ablutions.

La monture (en sanscrit, vâhana) est une sorte de cygne appelé en sanscrit Haṃsa et en tamoul Annam, d'où l'épithète de Brahmâ : Annavûrti.

Historique. — Brahmâ est très souvent représenté sur les monuments Pallavas, et d'une façon peu différente de la manière actuelle. La Pl. XXXVIII, A, est la reproduction de l'image de Brahmâ dans la cave sans inscriptions de Trichinopoly (VIIe siècle).

Dans le temple de Kaïlâsanâtha, à Kañchîpuram, un bas-relief montre Siva coupant la cinquième tête de Brahmâ (A. Rea, *Pallava Architecture*, plate XXXIV, figure de gauche).

Nous n'avons jamais vu l'oiseau de Brahmâ dans les temples Pallavas (1).

Dans tous les anciens temples sivaïtes, un sanctuaire était consacré à Brahmâ dans la partie gauche de l'édifice (nous avons dit que la partie droite était consacrée à Vichnou).

§ 2. — Sarasvatî.

Epouse de Brahmâ, elle est la déesse des beaux-arts (2).

On la représente assise et jouant d'un instrument de musique appelé « Vînà ».

(1) A Ellora, dans la galerie qui est au fond du Kaïlâsa, l'oiseau Annam est à ses pieds, et dans quelques bas-reliefs Brahmâ est représenté monté sur son cygne au milieu des dieux védiques).

(2) Dans les caves d'Ellora, Sarasvatî est souvent représentée, non point comme épouse de Brahmâ, mais comme divinité fluviale, et elle est debout sur une tortue.

Ses autres mains (car elle en a quatre) tiennent un livre et un stylet. On sait en effet que les Hindous écrivent sur des feuilles de palmier appelées « olles » à l'aide d'un poinçon de fer appelé « yejouttânny ».

Historique. — Dans les temples Pallavas, Brahmâ est généralement seul ; toutefois dans le temple de Kaïlâsanâtha à Kachîpuram (Rea, *Pallava Architecture*, plate XXXVI, fig. 2), Brahma est assis à côté de son épouse, mais celle-ci ne porte pas la vîna, et rien ne prouve qu'à cette époque la femme de Brahmâ était identifiée avec Sarasvatî, divinité fluviale.

§ 3. — Les Déverkel (Devargal).

Nous avons dit que Siva et sa famille habitaient le Kaïlâṣa et que le Paradis de Vichnou est le Vaïkuntha. Il existe un troisième séjour céleste appelé Sorgon (Svarga) habité par les Déverkel. Parmi les Déverkel il faut citer d'abord les Dieux au nombre de huit qui gouvernent les huit régions du ciel et qui sont appelés Tigoupâlajer, du sanscrit aṣṭadikpâlaka.

Ces Dieux correspondent aux points cardinaux, et leurs images servent à illustrer les roses des vents hindoues (fig. 33).

Ces huit gardiens des coins du ciel sont les suivants :

1° Dévindiren (en sanscrit, Devendra ou simplement Indra) ; on l'appelle aussi Mayêndiran (du sanscrit Mahendra). Fils de Cassiber (en sanscrit, Kâçyapa) et d'Aditi. La femme d'Indra est Satchî, fille de Poulôman (elle est quelquefois appelée Indrânî).

Indra anéantit Poulôman afin de ravir sa fille Satchî. Aussi l'appelle-t-on Poulômâri (destructeur de Poulôman) ou Satchipâti (époux de Satchî). De cette union il eut un fils appelé Djayanta.

La capitale d'Indra est Amarâvatî.

Dieu du ciel, il porte à la main gauche un double trident

Fig. 33. — Achtadikpâlaka.

(analogue au Trissulam de Soubramaniar), image de la foudre (Vajrâyudha).

De la main droite il tient une sorte de fleur.

Le corps d'Indra est couvert de mille yeux, d'où son nom de Ayirankannan.

Il a pour « vâhana » un éléphant blanc appelé Airâvata (le bel éléphant), sorti de la mer de lait, d'où le nom d'Indra : Karivâhana.

2° Akkini (en sanscrit, Agni), qui gouverne le sud-est, est le Dieu du feu. De nos jours, il est considéré comme Dieu de la cuisine ; aussi porte-t-il dans ses quatre mains une écuelle, une cuiller, une torche et un éventail pour activer le feu. Il a deux têtes ornées de flammes (Pl. XXXIX, A). On le représente quelquefois avec trois jambes et sept bras. Il réside au sud-est dans la ville de Têchôbadipattanam (du sanscrit Tedjôvati). Fils d'Angiras, il épousa Souvagay (en sanscrit, Svâha) et eut trois fils : Pavanéma (Pâvaka), Pavemanam (Pavamâna) et Soussi (Çuci).

3° Hémane ou Yamen (du sanscrit Yama) appelé aussi Dharma (le juste) et Tendisaikkon (parce qu'il gouverne le sud), est le Dieu des enfers.

Son séjour est le Pâtâlâ (les enfers), sa ville Emapuram. Il tient un bâton et a pour monture un buffle.

Sa sœur est Yamî déesse de la rivière Yamuna (Jamna).

Nous avons déjà raconté comment Yama, dieu des enfers, voulant s'emparer du jeune Markanda, fut repoussé par Siva Dieu de la vie (Pl. III, A).

4° Nayourouti (sanscrit, Nirṛiti), Dieu du sud-ouest et roi des Boudons, a une figure terrifiante ; il tient une massue et il est monté sur les épaules d'un géant. Il habite la ville de Tadachâbadipattanam. Son épouse est Tirgadêvi (Dîrghâ).

5° Varounen (en sanscrit, Varuṇa), gouverneur de l'Ouest, tient à la main une sorte de corde appelée « pâça » (c'est l'insigne que Poulléar porte de la main gauche). Il est monté sur un « makara », animal fabuleux qui était autrefois un crocodile, mais qui de nos jours a une trompe d'éléphant, un corps d'oiseau et une queue empanachée (caroukou).

6° Vayou (Vâyu), Dieu du vent, qui dirige le nord-ouest, est monté sur une gazelle et porte deux petits drapeaux.

Il habite la ville de Touchabadipattanam.

7° Koubéren (en sanscrit, Kuvêra), fils de Viçravas, habite dans le nord la cité d'Alaka (Vasu-sthali ou Prabhâ). Son épouse est Kavéri. Son char s'appelle Pouchpaka. Il est monté sur un cheval blanc ; il tient un sabre et un bouclier (parisaï).

8° Isanien (sanscrit, Içâna), monté sur un bœuf, est représenté absolument comme Siva ; il a donc comme insigne le trident (soulam) et le tambour (oudoukaï). Il gouverne le nord-est.

En outre, de ces huit Déverkel il en existe d'autres

Fig. 34. — Sourya.

Le plus illustre est Sourya (Sûrya), Dieu du soleil, très fréquemment représenté. On le reconnaît à ce qu'il tient une fleur dans chaque main et surtout parce que derrière sa tête se trouve un grand cercle qui représente le disque solaire (fig. 34) Souvent il est monté sur un char traîné par sept chevaux. Ses fils, les deux Açvins (cavaliers), sont des Dieux médecins.

Le char de Sourya est conduit par Aruna ; sa capitale est Vivasvati.

La prière (mantra) appelée Gâyatri, que les brahmes récitent quotidiennement, lui est adressée. On célèbre aussi en son honneur la fête de Nâyittukkijamaivrata, ou simplement Nâyiru (soleil ou dimanche).

Le Dieu de la lune est Chandrin (Chandra) dont la tête est ornée d'un croissant, et dont l'emblème est l'antilope.

Citons encore Arouna, moitié homme, moitié oiseau, et Visvakarman, le Dieu architecte.

Historique (1). — Indra est représenté (Pl. XL, A), sur le gôpuram de l'est à Chidambaram ; il est monté sur un éléphant et porte des insignes (triple carré étincelant et double trident) qui représentent la foudre (Vadjira) et qui sont aujourd'hui les emblèmes caractéristiques de Soubramaniar.

Sourya est souvent représenté dans les anciens temples et d'une façon peu différente de la manière moderne. On le voit au dernier étage côté nord du Dharmarâja ratha et dans la cave sans inscriptions de Trichinopoly (VIIe siècle) (voir Pl. XL, B).

Nous ferons ici une remarque :

Les Dieux qui sont représentés sur les temples anciens

(1) Dans les caves d'Ellora, ces Dieux sont représentés dans presque tous les grands bas-reliefs. Ils apparaissent dans le ciel, au-dessus des nuages, montés sur leurs « vâhana » respectifs et ils assistent pleins de respect et d'adoration, aux exploits de Siva. Sur la façade extérieure du Kaïlâsa, des deux côtés de la porte d'entrée, une rangée de niches leur est consacrée. On voit par exemple Agni sur son bélier (Pl. XXXIX, B). Il n'a qu'une seule tête et deux bras qui ne portaient pas d'insignes.

situés en dehors du pays dravidien, à Badami, à Ellora, etc.. ont la tête auréolée d'une gloire (prabhâ) elliptique. Ce signe de divinité est d'origine Gréco-Bouddhique. Dans le Sud de l'Inde, à Mavalipuram, à Kañchîpuram, les Dieux n'ont pas d'auréole. Il n'y a que Sourya dont la tête soit ornée d'un disque, et c'est ainsi que l'on reconnaît ce Dieu dans le bas-relief « Pénitence d'Arjuna » et celui de « Varagha ».

§ 4. — Les Courous des Deverkel.

Fils de Cassiber (en sanscrit, Kâçyapa) et d'Adité, les Courous sont des esprits célestes analogues aux anges, ce sont : les Vassoukel, les Tcharana, les Marout, les Guinerer (en sanscrit, Kinnara), musiciens qui ont une tête de cheval et dont le chef est Tombourou, habile à jouer de la Vina, Les Guimbourouder (Kimpurucha), chanteurs qui ont une tête humaine et un corps d'oiseau, les Chidder (Siddha), qui ont des ailes et volent dans l'air, les Vitiader (Vidyâdhara), savants dans les sciences et les arts, les Guérouder (Garuda) sortes d'aigles, les Pannaga, charmeurs de serpents, les Pidourdévadégal (Génies des morts), les Gananâtha ou Dûta, et enfin les célèbres Gandrouver (Gandharva), qui ont pour épouses les Aspara.

En outre les séjours célestes sont ornés de Dêvadâsis (Bayadères) dont les principales sont : Urvasî, Kambhâ et Tilottamâ.

Historique. — De tout temps, depuis l'époque bouddhique on voit dans les sculptures des génies secondaires qui trop souvent ressemblent à de petits monstres. Dans la cave XXIV à Ajaṇṭa (Burgess, *Cave temples of India*, p. 157), on voit des petits musiciens à pieds d'animaux, très analogues à ceux qui se trouvent dans le bas-relief « Pénitence d'Arjuna », à Mavalipuram. C'est surtout à Badami (voir par exemple en bas de la fig. A. Pl. XXX) qu'on trouve partout des frises représentant des petits Gandharva qui s'amusent, se font des farces et se battent. Ces mêmes frises se voient très souvent dans les temples Pallava de Kañchîpuram. Ces petits génies correspondent aux amours des frises de l'art occidental. Ils portent des guirlandes de fleurs, ils sont joufflus et nus. Un trait caractéristique des Gandharva des VIe, VIIe et VIIIe siècles, c'est qu'ils ont des cheveux bouclés qui tombent sur leurs épaules comme une perruque. A Chidambaram (Gôpuram de l'Est, XIIIe siècle), on voit encore des frises où s'amusent les amours ; mais ce motif disparaît complètement à l'époque de Bijanagar ; les frises représentent alors des animaux (éléphants, chevaux, etc.), et des danseuses. De nos jours les peintures hindoues figurent des Courous apparaissant dans le ciel au-dessous des Dieux.

§ 5. — Démons (Pêygel).

On voit fréquemment représentés des géants et des monstres dont l'aspect est terrifiant. Ils ont les cheveux épars, de fortes moustaches, des dents (pallou) aiguës, un ventre proéminent et sont armés de massues et de serpents. Ce sont les Achourer (Asuras), les Rachader (Ràksasas), les Boudom (Bhûtas).

§ 6. — Douarabalar (en sanscrit, Dvârapâlaka).

Les portes des temples sont défendues par des géants gardiens du seuil armés de massues. On les appelle Douarabalagar. Ils ont quatre bras et portent les insignes du Dieu dont ils protègent le sanctuaire. Ils sont appelés aussi Mounnadiyâr.

Historique. — Dans les monuments de l'époque bouddhique, on voit de chaque côté de l'entrée des chaityas, des héros que les archéologues pensèrent être l'image de chefs hindous protecteurs du Bouddhisme. Il est probable que ces statues (à Karli, à Nasik, à Kanheri, etc.) représentent des génies gardiens et défenseurs, prototypes des modernes Douarabalagar.

Ces derniers sont représentés d'une manière souvent très artistique à Mavalipuram, à Trichinopoly (VIIe siècle), à Kañchipuram (VIIIe siècle). A Tanjore et à Gangaïcondapuram (XIe siècle) ils ont déjà un aspect plus terrible. La planche XLI montre l'évolution du genre.

§ 7. — Nâgas.

De tout temps dans l'Inde on a vénéré les serpents, et en particulier la « capelle » (cobra capello), appelée « nâga ». Leur culte se voit dans les sculptures bouddhiques (Fergusson : Tree and serpent worschip). — De nos jours on rencontre partout des arbres sacrés entourés d'une balustrade qui abritent des images de serpents (nâgas). Ces arbres sont de deux espèces, dont l'une « Arichi » est considérée comme

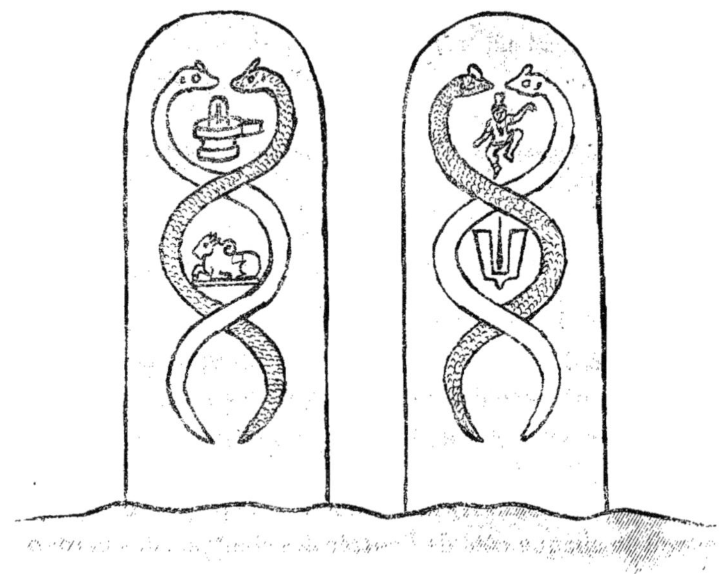

Fig. 35. — Nâgas.

étant le mâle de l'autre espèce (margosier), que l'on croit être la femelle. Les serpents sont sculptés sur des pierres allongées fichées en terre. Presque toujours ces serpents sont entrelacés comme sur le caducée de Mercure (fig. 35). Les femmes célèbrent devant eux l'office de Nàgalpoudjhé (pùjâ).

§ 8. — Grâma-Dêvatâs.

On donne ce nom aux divinités de village, telles que Ellama, Ankâlamman, Bhadrakâli, Pidari, etc., Châmoundi, la déesse qui vainquit Mahichasura et aussi une Grâmadèvata. Nous étudierons particulièrement quatre autres de ces divinités : Ayénar, Mariatal, Madrévirapin et Manarsouami.

Ayénar. — Divinité probablement indigène et locale. Ce Dieu est rattaché à l'Hindouïsme par la légende suivante : Siva, qui était au nombre des géants et des Richis, fut séduit par Moghéni (Môhinî) qui lui accorda des faveurs. Celle-ci devint la mère d'Ayénar qui est ainsi le fils de Siva et de Vichnou (d'où le nom tamoul : Arigaraboutiren, du sanscrit, Hari-Hara-putra, fils de Vichnou et de Siva).

Les deux femmes d'Ayénàr sont Pûranai et Pudkalai. Sa monture est un éléphant blanc, d'où son titre : Velléyànaiyûrti. Dans son temple on voit souvent 7 mères (Sapta-màtâs), qui sont : Trikara-Sûri, Muyakara-Sûri, Rakta-Chamundi, Kâttéri, Bhagavati, Bâla-Sakti, Bhuvana-Sakti.

Ayénar est le Dieu de la police des champs ; il protège les jardins et châtie les voleurs, aussi l'appelle-t-on Purattavan (le policier).

Ses généraux sont les Pâlaiyakkàrer. — Ils sont montés sur des chevaux ; aussi leur offre-t-on des chevaux de terre cuite qui sont rangés en cavaleries devant la porte des temples d'Ayénar.

Ce dernier est représenté (fig. 36) comme un guerrier, d'où son nom (Nellasèvaka, bon guerrier). Il porte une couronne d'un genre spécial qui retombe sur un côté : un titre d'Ayénar est : Tirumudi-sèvaka (le guerrier à la couronne sacrée).

Ses insignes sont très caractéristiques : De la main droite (il n'a que deux bras) il tient un sceptre d'une forme particulière (voir fig. 36) et appelé Savoucou ou Koraddâ. Son bras gauche est posé sur un bâton à l'usage des ascètes et appelé yôgatandam. Il porte en outre une sorte de ceinture qui sert aux ascètes lorsqu'ils sont assis, et qui s'appelle Bâhupaddaï.

Fig. 36. — Ayénar.

Mâri-Atâl (1) ou Mâri-ammaï (de mâri, variole, et ahtâl ou ammai, mère), est la déesse de la petite vérole (2). On n'en adore que la tête et elle est identifiée avec Rênuka, épouse Jama-

(1) Dans le nord de l'Inde, Çîtalâ, la froide.

(2) Au sujet de Mâri-Atâl, déesse de la petite vérole, consulter l'excellent ouvrage du Dr Paramananda Mariadassou, *Mœurs médicales de l'Inde*, Pondichéry, 1906 (pages 116, 119, chapitre XVII).

dagni, mère de Parassourâma. Elle avait reçu le don merveilleux de puiser de l'eau sans le secours de vases. Le liquide se solidifiait entre ses mains au moment où elle les plongeait dans l'étang et elle le transportait ainsi dans la maison de son mari. Elle devait garder cet avantage tant que son cœur resterait pur ; or un jour qu'elle puisait de l'eau, elle vit se refléter sur la surface de l'étang l'image de beaux gandharvas qui volaient dans l'air (1), et dès lors le liquide ne se solidifia plus. Jamadagni ordonna à son fils Parassourâma de punir la coupable en lui tranchant la tête ; ce qui fut fait. Mâriatâl obtint la faveur que sa tête fut recollée, mais elle fut mise par erreur sur le corps d'une pariate (pariatchi).

Cette légende est destinée à expliquer pourquoi Mâriatâl est une divinité dont on n'adore que la tête (fig. 37). Les lieux

Fig. 37. — Mâriatâl.

de pèlerinage de Mâriatâl sont Samaïapuram, Oûttoucâdou, Cannapuram, Périapaleom.

(1) Selon une variante, elle vit Chitraratha, prince de Mrittikâvati lutinant sa femme.

Dans ses temples on voit aussi les images de Mâtângi (la pariate dont Rénuka prit le corps), du démon Kâttân avec Pâppâti et Chettippen ses maîtresses. Enfin d'autres démons : Périyatambiran (le grand Dieu), Irulen (le sauvage), Ranavira, Pâvâdaivîra ou Pâvâdairayer, Uyirtundilkârer et la déesse Kâttêri.

Madrévirapin. — Virapin, fils de Câssî-râdja (roi de Kâçî, Bénarès), étant né sous une mauvaise étoile, fut livré par son père aux bourreaux. Ceux-ci émus par la beauté de l'enfant tuèrent un animal à sa place, et l'abandonnèrent dans une forêt. Il fut élevé par un cordonnier dans le royaume du roi Pomaïnayakène. La fille de ce dernier s'éprit de Virapin qui s'enfuit avec elle à Madura. Il devint roi de ce pays et, après avoir vaincu les troupes de Pomaïnayakène, régna sous le nom de Madura-Virapin.

Il est considéré comme le Dieu du vin ; aussi est-il adoré surtout par les marchands de « kallou » (jus de palmier qui sert de boisson), qui vénèrent son image à côté de celle de Kâli.

On le représente habillé comme un radja, l'épée à la main ; il porte un bouclier (parisaï) ; il est toujours monté sur un cheval (coudiraï) ; il a de fortes moustaches, et son front porte les raies blanches horizontales des sivaïtes. Il est souvent accompagné de ses deux femmes et de ses serviteurs.

Les statues de ce Dieu ne se trouvent guère que dans les campagnes à côté des petits temples dédiés à Ayénar ou à Manar.

Manarsouami. — C'est probablement un Dieu local et aborigène, il ne se rattache pas aux autres divinités hindouïstes et il n'est guère adoré que dans les campagnes.

On lui élève de hautes statues de terre cuite ; aussi le surnom de Manarsouami est-il donné aux hommes très grands. Il est vénéré surtout par la caste des Pallis.

Il est représenté assis, une jambe repliée; l'autre pendante, et il tient une épée à la main. On l'appelle « Dieu des Vierges » parce qu'on voit douze vierges dans ses temples, et ceux-ci portent le nom Kanniyerkoïl (temple des vierges).

CHAPITRE IV

HISTOIRE DE LA RELIGION D'APRÈS L'ICONOGRAPHIE

Nous ne connaissons pas d'images dans le pays tamoul qui soient antérieures au VIIe siècle. Nous ne pouvons donc savoir quelle était la religion avant cette époque (1).

(1) Les Dieux védiques sont les seules divinités brahmaniques qu'on trouve représentées sur les monuments des époques d'Asoka et de Kanishka.

Sourya, Dieu solaire, est sculpté dans le petit vihara de Bâjha (IIIe siècle avant J.-C.) (fig. 30), dans le péristyle de la cave Ananta Gumpha à Khandagiri (Orissa) et sur la balustrade de Bodh-Gaya (Voir aussi : ancien Brass Lota, fig. n° 5, p. 6. *Archeological Survey of Western India Burgess*, 1883).

Les Dieux du Svarga sont fréquemment représentés, réunis dans leur paradis, sur les anciens monuments bouddhiques. On trouve à Barhut et sur le jambage nord de la porte orientale de Sanchi, les trente-trois Dieux dont Indra est le chef et ceux des royaumes de Brahmâ, de Yama, etc.

En outre la déesse Srî, arrosée par des éléphants, est sculptée peut-être à Sanchi et à Barhut.

Indra est très distinctement représenté dans plusieurs sculptures gréco-bouddhiques du Gandhâra (Visite d'Indra, Photo 1058, I. M. List.). Il porte une tiare cylindrique caractéristique, et il n'a que deux bras.

On admet que les documents iconographiques les plus anciens que l'on connaisse sur une divinité purement hindouïste sont les monnaies de Kadphises II (Fergusson et Burgess, *History of Indian*, *architecture*, t. I, 1910, p. 42 : « the earliest engraved representations of this good (Siva) seem to be those en the coins of Kadphises II (about 80, t. 90 A. D.), Where the figure whith the trident and the Bull certainly prefigure the principal personnage in his religion) » (*Wilson's 'Ariana Antiqua*, plates 10, 11 ; P. Gardner's', *Coins of the greeck and Seythic kings of Bactria and India*, pp. 124-128, plate 25, and introd., p. 50).

Vincent A. Smith, *The early history of India*, 1908, p. 285 : « Kadphises II, the justran conqueror, was himself conquered by captive India, and adopted with such zeal the worship of Siva as pracised by his new

A. — Agni (panneau de char).

B. — Agni à Ellorā (Kailāsa, VIIIe siècle).

A. — Indra à Chidambaram (XIIIe siècle).

B. — Sourya à Trichinopoly (VIIe siècle).

La religion des Pallavas au VIIe *siècle.* — Si l'on compare les sculptures Pallavas du VIIe siècle (Rathas et caves de Mavalipuram, cave de Trichinopoly) avec celles du VIIIe siècle Kaïlâsanatha et Vaïkunthapérumal à Kañchîpuram), on constatera une sensible différence. Il importe donc de les étudier séparément.

subjects that he constantly placed the image of that Indian god upon his coins, and described him self as his devotee. »

Si nous examinons une des monnaies du roi Kadphises II, qui régna de 85 après J.-C. à 125, nous constatons que sur cette monnaie (Gardner, *Catal. of Greck and Saythic kings of Bactria and India*, Pl. XXV, 7) est figuré un personnage accoudé sur un bœuf et portant un trident.

Les monuments de l'époque des Guptas sont rares et sont presque tous consacrés au Bouddhisme. Il est probable cependant que le sanglier d'Eran représente Vichnou sous une forme archaïque (il n'a que deux bras, la déesse est supportée par une fleur de lotus) de Varâgha et date de cette époque.

Religion des Châlukyas au VIe *siècle.* — C'est au sixième siècle que commence réellement l'histoire de l'iconographie hindouïste : la cave vishnouïte n° 3, à Bâdâmi, porte une inscription d'après laquelle les sculptures de cette cave dateraient de la douzième année du règne de Kirtivarman Ier, l'an 500 de l'ère des Sakas, c'est-à-dire 578 après J.-C.

Il est en outre extrêmement probable que les deux autres caves n° 1 et n° 2 à Bâdâmi sont du même siècle que la cave n° 3.

Ces trois caves nous permettent de juger de l'état de la religion des Châlukyas de Bâdâmi au VIe siècle. Les principaux sujets étaient : 1° Vâmana (incarnation de Vishnou en géant Trivikrama) représenté trois fois ; 2° Varâgha (incarnation en sanglier) représenté deux fois ; 3° Hari-Hara (Vichnou-Siva) représentée deux fois ; 4° Vichnou assis sur le serpent, représenté une fois ; 5° Narasimha (incarnation en homme-lion), une fois ; 6° Ardhanârî (Siva-Parvati), une fois ; 7° Nadésa (Siva dansant), une fois.

Tel est le dénombrement des grands bas-reliefs.

Il y a en outre de petites frises, dont l'une représente le barrattement de la mer de lait (cave n° 2), et des sculptures représentant Garouda (à l'entrée de la cave n° 3). Les Ashta-dikpâlaka, gardiens des coins du ciel ornent les plafonds. On voit aussi Soubramaniar, Pouléar et Kâlî. Le Lingam occupe le sanctuaire de la cave n° 1 et devant se trouve le Nandi (Rishabha).

L'hindouïsme des anciennes caves brahmaniques d'Ellora. — La cave n° 3 à Badami (datée 578) a une façade d'un style très spécial : les

Nous ferons tout d'abord une constatation importante : l'iconographie prouve qu'au VIIe siècle dans le sud de l'Inde, l'hindouïsme formait une religion unique.

On pourrait croire, par exemple, qu'à l'époque Pallava, la religion était exclusivement sivaïte, et que le vichnouïsme ne s'est introduit que plus tard dans le sud de l'Inde.

piliers sont ornés de statues d'hommes et de femmes qui servent de consoles et de cariatides.

Or la cave appelée Rameçvaram à Ellora a sa façade ornée de piliers très analogues.

Comme d'autre part la cave « Rameçvaram » paraît être une des plus anciennes des caves brahmaniques d'Ellora, nous pensons qu'elle doit dater du VIe siècle. C'est probablement à la même époque qu'a été sculptée la cave « des Avatârs » et la cave « cendres de Râvana » (Ravan-ka-khai).

Les bas-reliefs d'Ellora nous permettent de savoir assez exactement l'état de l'hindouïsme à cette époque. Il y a en effet certains sujets qui sont répétés à satiété. La piété du sculpteur lui fait perdre le souci de la variété. Aussi est-il facile de connaître quelles sont les légendes fondamentales.

A Ellora le sivaïsme est prépondérant : le Lingam occupe presque tous les sanctuaires. Les quatre sujets suivants : Siva dans le Kaïlâsa, au-dessous duquel se trouve Râvana, mariage de Siva et de Pârvatî, Siva se couvrant de la peau de l'éléphant, Siva dansant — sont les grands leit motiv d'Ellora On voit souvent les mères assises en longue rangée ainsi que Bringui Maha-Rouchi et sa femme ; Poulléar portant une fleur et une hache, et plus rarement les légendes suivantes : Siva sortant de la colonne, Siva sortant du lingam, Siva sur son char, Siva et Ganga, enfin Kâli et Mahichasura. Certains sujets sivaïtes fréquents dans les temples Pallavas ne se voient nulle part à Ellora : par exemple Soumaskanda et Bitchandi (Siva mendiant).

Il n'y a guère qu'une cave qui soit dédiée à Vichnou (cave n° 27), et elle est peu importante. Les légendes de Vichnou sont cependant représentées dans les caves sivaïtes.

Ces sujets sont les suivants : Varâga, Vâmana, Narasimha, Ranganada, Vichnou monté sur Garouda, et Krichna seulement dans les deux légendes de la montagne Goverdhana et du serpent Kalinga. Ces sujets sont les seuls de la légende de Vichnou. Il semble donc que les autres sujets vichnouïtes étaient inconnus ou considérés comme d'importance secondaire.

Nous admettrons au contraire que depuis quatorze siècles les hindous, en manifestant, selon les cas, une préférence pour telle ou telle divinité, vénèrent cependant tous les Dieux.

Il est vrai que dans les temples de Vichnou les images sivaïtes sont plutôt rares, et réciproquement, mais cela revient à une question de préséance, de hiérarchie, et il s'agit seulement de savoir qui de Vichnou ou de Siva doit être considéré comme Dieu suprême.

L'iconographie nous montre que depuis le VIIe siècle on trouve les images de Siva, Vichnou, Indra, Brahmâ, etc., non seulement sur le même monument, mais dans un même bas-relief.

La disposition des sculptures dans la cave sans inscription de Trichinopoly peut donner à notre avis une idée de l'état de la religion dans le Carnatic au VIIe siècle. La figure 38 montre le plan de cette cave.

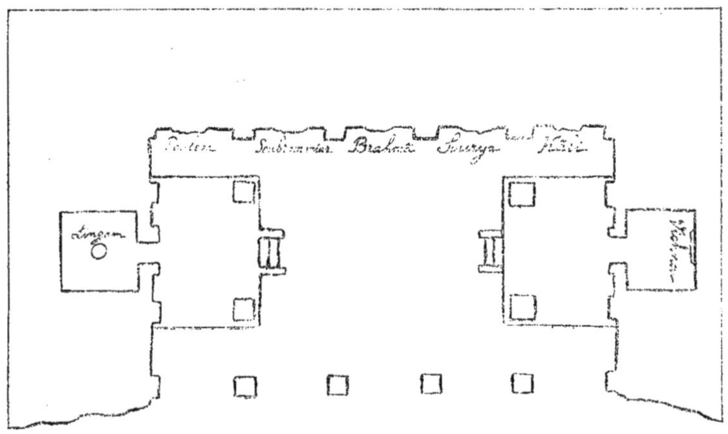

FIG. 38. — Plan de la cave sans inscriptions à Trichinopoly.

Des deux côtés de l'entrée se trouvent deux sanctuaires qui sont placés vis-à-vis l'un de l'autre et qui sont précédés d'un petit péristyle : le sanctuaire de gauche est consacré à Siva et celui de droite à Vichnou.

Il semble donc y avoir égalité entre ces divinités qui sont toutes deux l'objet d'un culte.

Sur la paroi qui forme le fond de la cave sont sculptées des divinités qui ne sont pas l'objet d'un culte, mais qui sont seulement vénérées : au centre Brahmâ ; à la droite de Brahmâ, c'est-à-dire du côté du sanctuaire de Siva, Soubramaniar et Poulléar. A gauche de Brahmâ, Sourya et Kâlî.

Le culte de Siva semble avoir prévalu dans la suite, car la seconde cave de Trichinopoly,qui est couverte d'inscriptions et qui semble plus moderne que l'autre, est consacrée à Siva. Un beau bas-relief représente Siva faisant sortir Ganga de sa chevelure. Les sculptures de Mavalipuram sont aussi partagées entre le vishnouïsme et le sivaïsme, celui-ci étant un peu prépondérant.

Il faut remarquer que Kâlî était l'objet d'un culte spécial. Le ratha, appelé « Draupadî ratha », était un sanctuaire de Kali,et près de la cave de la Trimourti,il existe une cave consacrée exclusivement à cette déesse, comme le prouve la présence de jeunes femmes guerrières occupant la place des dvarabalar à l'entrée de la niche centrale.

Cette déesse était à cette époque (comme encore de nos jours) adorée également dans les temples vichnouïtes et dans temples sivaïtes. Le combat de Kâlî et de Mahichasura forme vis-à-vis avec Vichnou couché sur le serpent ; et dans la cave de Varâgha, Kâlî fait pendant à Lakchmî arrosée par les éléphants.

En tous cas Kâlî était très vénérée à Mavalipuram au VIIe siècle, car son image se trouve partout : 1° Sur la façade de la cave de la Trimourti ; 2° sur le Draupadî ratha ; 3° dans la cave de Varâgha ; 4° dans la cave Yamapuri, où se trouve le célèbre bas-relief.

Il importe de déterminer les divinités qui sont sculptées sur le Dharmarâja Ratha à Mavalipuram. Nulle part on n'y voit Narasiṁha et Varâhha.C'est donc par erreur que M.Burgess a écrit :

VIIe Siècle

Epoque Pallava

Cave à Trichinopoly

XIe Siècle

Epoque Chola

Vimâna de Tanjore

XVIIe Siècle

Epoque de Madura

Panneau de char

Dvârapâlaka

A. « Pénitence d'Arjuna » à Mavalipuram (VIIIe siècle).

B. Intérieur de la cave de Sattampatti (VIIe siècle).

« The Ardhanari, a favourite form of Siva, as half male « half female, occurs several times, and Vishnu as Nara- « simha or the boar avatar. » *The cave temples of India*, Burgess, p. 126 (1).

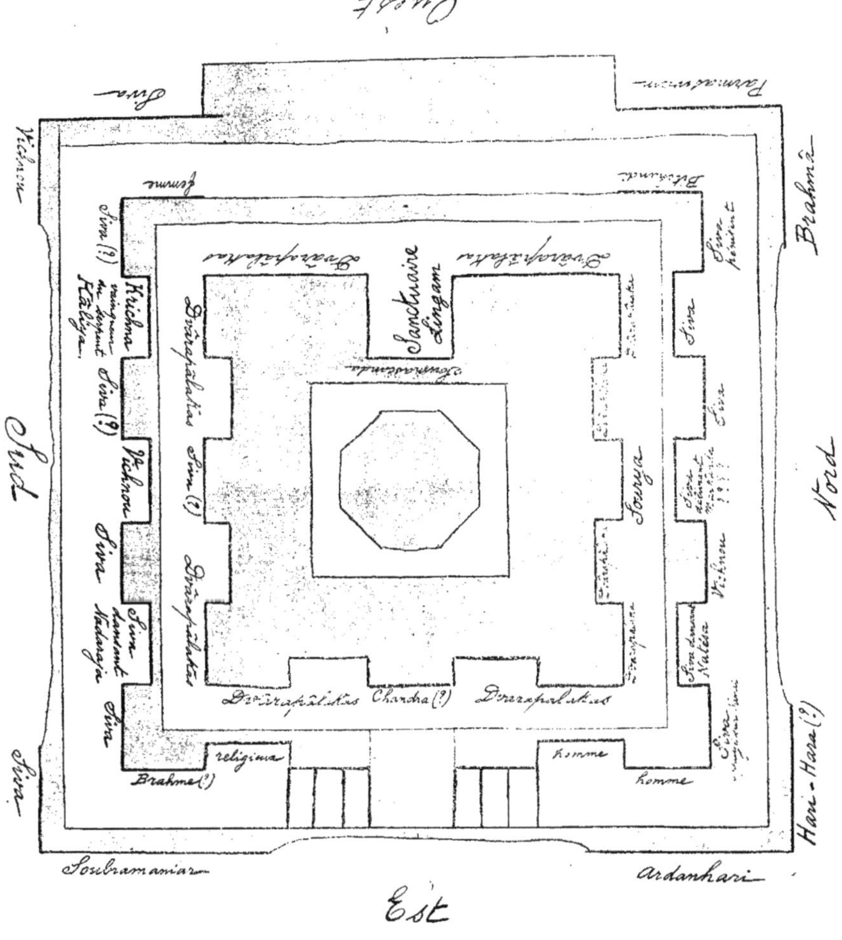

FIG. 39. — Disposition des sculptures sur le Dharmarâja ratha à Mavalipuram.

Dans la figure 39 nous avons indiqué les noms et les positions respectives de ces différentes images.

(1) Cette même affirmation erronée a été répétée dans l'ouvrage

Le Lingam se trouvait dans presque tous les sanctuaires ; Il y a souvent dans les caves Pallavas des rangées de cellules au nombre de cinq ou sept qui étaient occupées par des Lingams.

On ne voit nulle part les sujets si souvent répétés à Ellora : Siva dans le Kaïlâsa au-dessous duquel se trouve Râvana, Siva se vêtissant de la peau de l'éléphant, le mariage de Siva et de Pârvatî.

Soubramaniar (sous une forme bien différente de la forme moderne) se voit deux fois à Mavalipuram (Pl. XVIII, B).

Poulléar est sculpté sur la cave de Vallam.

Les sujets vichnouïtes sont : Varâga (représenté deux fois à Mavalipuram), Vâmana, Ranganada et Krichna vainqueur du serpent Kalinga (sur le Dharmarâja ratha) et supportant la montagne Gôverdhana (rocher sculpté) (fig. 30).

Brahmâ est plusieurs fois représenté ainsi que Sourya (notamment au 2e étage, face nord du Dharmarâja ratha).

Le célèbre bas-relief connu sous le nom de Pénitence d'Arjuna (Pl. XLII, A) peut se diviser en deux parties :

Le haut représente Siva et de nombreuses divinités parmi lesquelles on distingue Sourya au disque solaire qu'il porte autour de la tête.

Au bas du tableau on voit un petit temple à l'intérieur duquel se trouve une statue de Vichnou.

La cave de Sattampatti. — Près du village de Sattampatti, il existe une cave brahmanique creusée dans le flanc d'une colline rocheuse. Ce temple souterrain date assurément de l'époque des Pallavas et il est extrêmement important au point de vue de l'iconographie vishnouïte. Cette cave ne se trouve décrite dans aucun ouvrage, elle ne se trouve mentionnée, à notre connaissance, dans aucun des catalogues des antiquités du Sud de l'Inde. Aussi croyons-nous utile

History of Indian architecture by Fergusson et Burgess, t. I, p. 333, édit. 1910.

d'attirer l'attention sur les sculptures qu'elle renferme. La figure B, Pl. XLII, en montre l'intérieur.

A l'entrée du sanctuaire se trouve une longue véranda ornée de statues sculptées en haut relief. Il y a douze images rangées le long de la muraille ; mais ce qu'il y a de curieux, c'est que ces statues sont identiques et représentent toutes le Dieu Vichnou. Dans les monuments bouddhiques ou jaïniques, on est accoutumé à rencontrer des séries de bouddhas ou de dieux jains absolument semblables. Dans les temples sivaïtes on voit souvent des alignements de lingams. Mais le cas de la cave de Sattampatti est peut-être unique dans l'iconographie vichnouïte.

Ces images de Vichnou qui sont toutes pareilles, sont d'ailleurs très belles La forme de la tiare, des insignes, du costume, indique l'époque des Pallavas.

La religion des Pallavas au VIIIe *siècle.* — Les temples pallavas de Kanchîpuram (Kaïlâsanatha, Vaïkuntha perumal, Matangesvara, Muktesvara, Tripurantakesvara, Airavatesvara) sont couverts de sculptures. En particulier le temple de Kaïlâsanâtha est un véritable musée. Aussi n'est-il pas difficile de connaître l'état de la religion au VIIIe siècle à Kañchîpuram.

Le sivaïsme semble prépondérant.

Le Lingam était l'objet d'une grande vénération. La façade du temple de Kaïlâsanêtha est ornée d'une série de sept cellules contenant des lingams prismatiques. Les statues de Nandi sont innombrables. Certains sujets religieux sont multipliés à l'excès, d'autres au contraire sont assez rares.

Parmi les images souvent répétées, il faut mettre en tête de ligne, Sumascanda (Pl. XIII, B). Le Dieu Siva est assis à côté de Pârvatî qui porte un petit enfant sur ses genoux ; ce sujet qui est constamment répété sur les temples sivaïtes exprime donc bien l'idée fondamentale de la religion des Pallavas. Siva apparaît comme Dieu suprême, entre Vichnou et Brahmâ. Il est propice et bon ; Pârvatî tenant un petit enfant est pleine de grâce et de tendresse maternelle. On peut juger les idées morales et sociales du peuple Pallava, par ce fait qu'il représentait le Dieu suprême, comme un père assis à côté de sa femme et de son enfant. Le Siva des Pallavas n'est pas un Dieu terrible et cruel, il n'inspire pas la crainte ou l'horreur, il donne l'exemple de la vie de famille.

Un autre sujet extrêmement fréquent, c'est Siva dansant ; mais jamais à la manière de Chidambaram.

Kàlî est représentée aussi souvent que Nadaraja et Sumascanda.On voit partout son image : elle est généralement debout à côté de son lion.

Les sujets de la légende de Siva : Siva faisant sortir Ganga de sa chevelure, Siva sortant de la colonne, Bitchandi, sont souvent représentés.

D'autres : Siva et Pârvatî dans le Kaïlâsa au-dessous duquel se trouve Râvana, Siva se vêtant de la peau de l'éléphant, le mariage de Siva et de Pârvatî, Siva sur son char conduit par Brahmâ, sont moins fréquents.

Poulléar ne semble pas occuper une place importante : On le voit dans le coin sud-est de la cour du temple de Kaïlâssanâtha dans un endroit tout à fait dissimulé et au milieu de divers motifs d'ornementation. Quant à Soubramaniar, nous n'avons pu le reconnaître nulle part.

Le culte de Vichnou était important puisque le grand temple « Vaïkuntha pérumal » lui est consacré. Les sujets vichnouïtes de Kañchîpuram sont ceux que l'on voit dans les monuments de cette époque : Narasimha, Varâga, Vichnou sur Garouda, Ranganada, Krichna et le serpent Kalinga, Krichna supportant la montagne Gôvardhana.

Conclusion : L'hindouïsme avant le xe *siècle.* — En résumé il ne semble pas qu'avant le xe siècle, la plupart des légendes sivaïtes fussent très différentes de ce qu'elles sont aujourd'hui.

Il n'en est pas de même des légendes vichnouïtes. L'iconographie des monuments antérieurs au xe siècle montre l'absence complète des sujets suivants : Râma et tout ce qui se rapporte à sa légende : Sitâ, Latchoumana, Hanuman, mariage de Sita et de Râma , combat de Râma et de Ravâna, Râma-lingam, sacre de Râma, etc. ; certaines légendes de Krichna : Krichna volant du beurre, Krichna et les baigneuses, Krichna jouant de la flûte, Krichna avec ses femmes Radha et Roukoumani ; d'autres incarnations de Vichnou, telles que : Matchia, Parassourâma, Balapatrem, Kaliki, Mogheni, etc.

Il semble que c'est vers le XIVe siècle, que le succès des doctrines de certains docteurs vichnouïtes tels que Râmanuja, et sans doute aussi la protection des princes de Bijanagar, produisirent une renaissance du culte vichnouïte, et c'est à cette époque que de nouvelles idées religieuses inspirèrent une iconographie nouvelle.

CHAPITRE V

COSTUMES. — STATUES. — CHARS, etc.

§ 1. — Le cordon brahmanique.

De nos jours, les brahmes et la plupart des Hindous qui sont dits « castés », portent en bandoulière, une sorte de cordon formé de plusieurs fils, qui entoure le corps : il est soutenu par l'épaule gauche et pend au-dessus de la hanche droite.

Ce cordon est formé de plusieurs fils (avant le mariage, il est composé de trois ficelles formées chacune de 9 fils, et après le mariage 9 ficelles formées chacune de 9 fils) qui sont pour les brahmes des fils de coton tressés à la main.

A la hauteur du cœur, ces fils sont réunis par un nœud appelé Brahmàmoudi (nœud de Brahmâ)

On l'appelle en tamoul, pounoul ; — en sanscrit, upavita.

Quelle est la signification du pounoul ?

L'abbé Dubois a écrit : « Les brahmes et les autres personnages qui ont droit de porter ce cordon y attachent plus de prix et s'en montrent certainement plus fiers que ne le font en Europe les grands que leur naissance ou leurs services autorisent à porter des décorations analogues à celle-là, quant au nom générique. »

On confère le pounoul aux enfants âgés de 7 à 9 ans.

La cérémonie de l'investiture du triple cordon, appelée oupanayana est décrite longuement dans l'ouvrage de l'abbé J.-A. Dubois (*Mœurs des peuples de l'Inde*, IIe partie, chap. 1er).

On peut se demander quelle est l'histoire du cordon brahmanique d'après les anciennes sculptures hindouïstes.

L'examen attentif des bas-reliefs datant des époques de Madura, de Bijanagar, Paṇḍya et Choḷa permet d'énoncer un principe rigoureux. Depuis le xᵉ siècle jusqu'à nos jours, les divinités brahmaniques qui sont représentées sur les temples portent toutes le pounoul d'une façon à peu près identique à la manière actuelle ; c'est un cordon, qui, posé sur l'épaule gauche, tombe sur la hanche droite. A la hauteur du cœur on voit le nœud de Brahmâ.

Il suffit d'examiner les statues qui ornent les temples Cholas (Tanjore, Gangaïcondapuram) pour s'assurer qu'aux xᵉ et xiᵉ siècles le pounoul n'était pas sensiblement différent de ce qu'il est aujourd'hui.

Il n'en est pas de même dans les temples Pallavas du viiᵉ siècle ; à Trichinopoly, à Mavalipuram.

Nulle part on ne voit ce pounoul qui pendant dix siècles d'iconographie, c'est-à-dire du xᵉ siècle à nos jours, est un cordon, un simple « fil ».

Quelquefois le cordon est remplacé, soit par un large ruban, soit par une écharpe. Mais le cas le plus général est le suivant : un rouleau souvent assez gros est posé sur l'épaule gauche et tombe vers la droite, quelquefois sur la hanche, mais le plus souvent sur le bras droit, à la hauteur du coude.

La figure B, planche XLIII, est un exemple de ce dernier cas, qui est extrêmement fréquent dans les sculptures du viiᵉ siècle. Le personnage représenté sur la figure a le bras levé, et on voit nettement que ce rouleau tombe sur le bras et non pas sur la hanche.

Nous ferons l'hypothèse suivante : « ce rouleau n'est autre que le pounoul », et pour légitimer cette assertion, nous ferons remarquer que ce rouleau présente toujours un étranglement à la hauteur du cœur, précisément aux lieu et place du nœud de Brahmâ.

Ce rouleau est porté par les princes et les Dieux, et paraît être un signe de noblesse ; les ascètes et les religieux portent une écharpe qui forme une boucle sur l'épaule gauche. Enfin les bergers, les serviteurs et les femmes ne portent rien de semblable.

Il serait intéressant de chercher à l'aide de l'iconographie les origines du cordon brahmanique dans les sculptures antérieures au VIIe siècle et extérieures au pays tamoul.

Mais nous n'avons à étudier ici que l'iconographie du sud de l'Inde et nous ne connaissons pas dans cette région de sculptures antérieures au VIIe siècle.

Nous nous contenterons donc d'énoncer les principes suivants qui, à notre avis, peuvent être admis sans témérité. « Le pounoul se voit dans les sculptures du sud de l'Inde au VIIe siècle, mais ce n'est jamais comme de nos jours un simple fil. C'est presque toujours un rouleau posé sur l'épaule gauche et tombant non pas sur la hanche droite, mais sur le bras droit à la hauteur du coude.

« Ce rouleau présente toujours un étranglement à la hauteur du cœur. »

§ 2. — Les costumes.

Le costume masculin.— Toutes les parties du costume des divinités ont évolué depuis le VIIe siècle jusqu'à nos jours. Nous avons déjà montré l'évolution de la tiare vichnouïte (fig. 15).

Il serait trop long de passer en revue toutes les particularités ; nous nous arrêterons à trois principales :

1° De nos jours la poitrine des dieux est ornée de trois énormes bijoux circulaires qui sont suspendus au cou : ils se nomment de haut en bas : Magarakandi, Magarapadakam et Kamalapadakame. Rien de tel n'existait à l'époque Pallava. Le premier seulement de ces bijoux apparait au moyen âge. C'est depuis quelques siècles seulement que toute la poitrine est couverte de bijoux.

A. — Siva couronnant le roi Rajendra Choladêva Ier (Temple de Gangaikondapuram, XIe siècle).

B. — Cave de Tirukkalukkundram. Prince ou Dvârapâlaka (VIIe siècle).

A. — Char de Conjeeveram.

B. Base du char de Conjeeveram.

2° Depuis le xve siècle seulement on voit représenté le foulard appelé « vastram » qui, passé autour du cou, pend de chaque côté du corps au-dessous des bras.

3° De nos jours les divinités portent des sortes d'épaulettes appelées « boudjakiroudou ». Avant le xiie siècle on ne voit rien de pareil, l'épaule étant tout à fait nue. C'est à la fin du moyen âge qu'apparaît un petit ornement qui a pris successivement des proportions de plus en plus grandes.

Le costume féminin. — Autrefois les divinités féminines étaient presque complètement nues ; mais leurs seins étaient retenus par un ruban (katchou ou kanjagam), leurs bras étaient couverts d'anneaux depuis le poignet jusqu'au coude. De nos jours les déesses sont presque complètement habillées : leurs jambes sont couvertes d'un pagne ; leur buste est serré dans une sorte de petit corset d'origine musulmane appelé « ravoukaï », laissant le ventre nu. Enfin l'extrémité du pagne est passé en écharpe de gauche à droite. Elles portent des anneaux au nez (natou, pilakou) et aux pieds (padagam).

Les bras multiples. — La multiplicité des bras est peut-être la particularité la plus remarquable de l'iconographie hindouïste.

Au point de vue artistique, cela n'est pas toujours disgracieux. Le sculpteur peut ainsi augmenter le nombre de gestes et donner plus de vie et de mouvement aux personnages.

Il ne s'écarte pas en somme beaucoup de la réalité physique. Le mouvement d'un seul bras qui se meut d'un geste rapide et violent peut produire l'effet d'une multitude de bras par suite de la persistance des impressions lumineuses sur la rétine. Remarquons en effet que les divinités brahmaniques n'ont que quatre bras quand elles sont en repos ; dans ce cas, les deux bras supplémentaires ne sont là que pour exprimer la force et la divinité et servent en outre à porter les insignes distinctifs du dieu.

Le nombre des bras n'est supérieur à quatre que lorsque la divinité est représentée en mouvement (Siva dansant ou se précipitant sur un ennemi ; Trivikrama ; Dourga luttant contre Mahichasoura ; Râvana luttant contre Râma, etc.). Il y a là une sorte de cinématographie, et cette conception n'est pas dépourvue d'intérêt au point de vue de la philosophie de l'art.

M. Burgess a cru trouver dans le nombre des bras un caractère chronognomonique ; selon lui un nombre de bras supérieur à quatre ne se rencontrerait pas dans les temples les plus anciens : « We have on this rath (il s'agit du Dharmarâjaratha aux sept Pagodes) many of the gods of the Hindû Panthéon, but in forms more subdused than are to be found elsewhere. The one extravagence is that they generally have four arms-never more to distinguish them from mortals ; but none of those conbinations or extravagances we find in the caves at Elûra, Elephanta and elserwhere. It is the sober and most reasonable version of the Pantheon yet discovered, and, consequently, one of the most interesting, as well probably, as the earliest. »

Nous ne partageons pas l'opinion de M. Burgess.

Il est vrai que les divinités sculptées sur le Dharmarâja ratha n'ont jamais plus de quatre bras, mais les bas-reliefs célèbres de Vamana Trivikrama et de Dourga combattant Mahichasoura sont assurément de la même époque, et les divinités ont bien plus de quatre bras. Les sculptures de Mavalipuram datent de 725 environ (1).

Nous conclurons donc au contraire que, depuis l'époque la plus reculée (VIIe siècle) de l'iconographie du Sud de l'Inde, les divinités brahmaniques sont représentées avec un nombre de bras souvent considérable.

Les deux bras de devant s'appellent kayi (main), les bras d'arrière n'ont pas de noms spéciaux, mais portent ceux des insignes qu'ils tiennent.

Les bras de devant font ordinairement des gestes très particuliers : la main est ouverte en présentant la paume.

Dans le geste appelé « abhaya hastam », qui est toujours

fait par la main droite, l'extrémité des doigts est en haut. Le geste semblerait vouloir dire : « N'approchez pas », mais les Hindous l'interprètent au contraire par : « N'ayez pas peur, je vous protégerai » (a — bhaya, c'est-à-dire : non crainte).

Le geste appelé « Varada-hastam » se fait toujours avec la main gauche, le bout des doigts étant en bas.

Le mot « Varada » signifie acte de donner des faveurs.

§ 3. — Les statues.

Les statues qui sont au fond des sanctuaires sont en pierre; mais celles qui sont transportées dans les fêtes sont en cuivre. Suivant le Sastram, les statues doivent être faites d'un alliage de cinq métaux, d'où le nom de Pantchalôgam. Le cuivre doit prédominer ; le zinc, le plomb, l'argent et l'or existent en moindres proportions.

Derrière les statues se trouve toujours une sorte d'auréole appelée Tirouatchi (fig. 40).

L'origine de cet ornement est certaine : le tirouatchi n'est autre chose que l'ornement architectural appelé « coudou », qui tire son origine du « fer à cheval » bouddhique. On reconnaît d'ailleurs au sommet du tirouatchi la tête de lion (siṁha-mougam), et des deux côtés les Makaras dont la longue queue empanachée s'appelle « caroukou ».

Le piédestal des statues est analogue à la base des monuments.

Il est percé de deux trous où on passe des barres de fer afin de soulever la statue sans la toucher. Dans les statues anciennes il y a des anneaux placés assurément dans le même but.

§ 4. — Les chars.

A l'époque Pallava les chars (ratha) étaient supportés généralement par deux ou quatre roues, et traînés par des chevaux (voir par exemple A. Rea, *Pallava Architecture*, plate

LIII). Il est probable qu'on se servait de semblables chars pour transporter les statues des dieux pendant les processions.

Fig. 40. — Tirouatchi et piédestal.

De nos jours, les chars (en tamoul : têr) sont remisés en dehors de l'enceinte du temple, et en face de l'entrée principale, sous d'immenses cônes de paille.

Le char (Pl. XLIV, fig. A) est construit sur le modèle du Vimâna, mais ce temple de bois est supporté par un tronc de cône placé sur des essieux. Les roues qui ont ordinairement trois mètres de hauteur, sont pleines, et formées par des poutres énormes. La base du char (Pl. XLIV, fig. B) est composée de plusieurs parties qui sont de bas en haut : « poudapar », « nagapar », et « poussandrin ». — Chacune de ces parties est ornée de panneaux sculptés. Ces panneaux, comme d'ailleurs le char tout entier, sont sculptés dans du bois « d'iloupé (1) » et jamais dans une autre sorte de bois.— Ces panneaux sont fixés avec des tenons (deux tenons en haut du panneau et un seul en bas). Leurs dimensions moyennes sont 30 et 40 centimètres. Les panneaux des plus grands chars n'ont pas plus de 45 centimètres de largeur et 90 centimètres de hauteur. Les sculptures sont en haut-relief. Toute l'iconographie de l'hindouïsme moderne s'y étale ; même les sujets — empruntés à la légende de Krichna — qui sont les plus risqués. Ces derniers occupent d'ailleurs une place spéciale, aux angles de la base carrée du char. Tous les ans, avant la fête, on badigeonne cette base avec de l'huile, — et comme on n'a pas soin d'enlever préalablement la poussière qui la recouvrait, il se forme avec le temps, une couche si épaisse de ce mélange d'huile et de poussière, que les sculptures disparaissent presque complètement au-dessous.

Le sanctuaire où le Dieu est placé pendant la procession, est un pavillon carré, avec quatre ouvertures (une à chaque face). Il est orné de dvârapâla et de lions cabrés. Au-dessus le dôme est ordinairement un simple cône de toile peinte. Théoriquement il devrait imiter la tour d'un vimâna et être orné de petits pavillons superposés et séparés. C'est ainsi qu'est construit le char de Conjeeveram (Pl. XLIV, fig. A).

La pointe du cône est formée par un stoubi. Mais, chose étrange, placé en dehors de l'axe central et de manière à abriter ce stoubi, on place un petit parasol (poussakara-codê).

Enfin autour du char on suspend des cylindres décoratifs en toile (tombé) et devant, suspendus sur des ressorts, des chevaux de bois peints semblent traîner le char en caracolant. Leurs rênes sont tenues par un personnage de bois, richement enluminé. Ce rôle de cocher est rempli par Brahmâ

(1) Bassia (vulg. bassie) sapotacée.

lorsque le char est sivaïte, ou par Râvana lorsqu'il est vichnouïte. Pendant la procession, c'est toute la foule des adorateurs du Dieu qui, s'attelant à des câbles, traîne le char beaucoup plus rapidement qu'on ne s'y attendrait en considérant la masse immense de cet édifice de bois.

TABLE DES MATIÈRES DU TOME II

(ICONOGRAPHIE).

TABLE DES PLANCHES DU TOME II

TABLE DES FIGURES DANS LE TEXTE DU TOME II

(Iconographie).

Imp. J. Thevenot, Saint-Dizier (Haute-Marne).

ANNALES DU MUSÉE GUIMET

BIBLIOTHÈQUE DE VULGARISATION

SÉRIE DE VOLUMES IN-18 A 3 FR. 50

I. **Les Moines égyptiens**, par E. Amélineau. In-18, illustré.
II. **Précis de l'histoire des religions** Première partie. Religions de l'Inde, par L. de Milloué. In-18, illustré de 21 planches.
III. **Les Hetéens**. Histoire d'un Empire oublié, par H. Sayce. Traduit de l'anglais, avec préface et appendices, par J. Menant, de l'Institut. In-18 illust.
IV. **Les symboles, les emblèmes et les accessoires du culte chez les Annamites**, par G. Dumoutier. In-18, illustré.
V. **Les Yézidis**. Les adorateurs du diable, par J. Menant, de l'Institut. In-18, fig.
VI. **Le culte des Morts** dans l'Annam et dans l'Extrême-Orient, par le lieutenant-colonel Bouinais et Paulus. In-18.
VII. **Résumé de l'histoire de l'Egypte**, par E. Amélineau. In-18.
VIII. **Le bois sec refleuri**. Roman coréen, traduit par Hong-Tjyong-ou. In-18.
IX. **La Saga de Nial**, traduite en français pour la première fois par R. Dareste, de l'Institut, conseiller à la Cour de cassation. In-18.
X. **Les castes dans l'Inde**. Les faits et le système par Em Senart, de l'Institut. In-18.
XI. **Introduction à la philosophie Vedanta**, par F. Max Muller, membre de l'Institut. Traduit de l'anglais par Léon Sorg In-18.
XII. **Conférences au Musée Guimet**, par L. de Milloué, 1898-1899. In-18.
XIII. **L'Evangile du Bouddha**, raconté d'après les anciens documents, par Paul Carus. Traduit de l'anglais par L. de Milloué. In-18.
XIV. **Conférences au Musée Guimet**. par L. de Milloué. 1899-1900. In-18.
XV, XVI **Conférences au Musée Guimet**, en 1903-1904, par MM. Maurice Courant, Salomon Reinach, Emile Cartailhac, R. Cagnat. G. Lafaye, Philippe Berger, Sylvain Lévi, D. Menant. 2 vol. in-18.
XVII. **Conférences au Musée Guimet**, par Emile Guimet. In-18, illustré. La statue vocale de Memmon. — Les récentes découvertes archéologiques en Egypte. — Les Musées de la Grèce. — Des antiquités de la Syrie et de la Palestine. — Le théâtre chinois au XIIIe siècle.
XVIII, XIX, XX. **Conférences au Musée Guimet**, en 1904-1905, par Jean Réville, R. Cagnat, G. Lafaye, Th. Reinach, D. Menant. — S. Lévi, R. Cagnat, S. Reinach, V. Loret, Edm. Pottier. — Parmentier, Pierret, V. Henry, Mlle Menant, Ph. Berger, A. Moret.
XXI. **Les religions de la Gaule** avant le christianisme, par Ch. Renel. In-18.
XXII. **Le Bouddhisme**, par L. de Milloué. In-18.
XXIII. **La religion des anciens Egyptiens**. Conférences de M. Edouard Naville, au Collège de France.
XXIV. **Les religions orientales dans le paganisme romain**. Conférences faites au Collège de France en 1905, par M. Franz Cumont. In-18.
XXV. **Conférences au Musée Guimet**, 1907.
XXVI, XXVII. **Conférences**. 2 vol. in-18, illustrés.
XXVIII. **Exposition temporaire au Musée Guimet**. Catalogue. In-18, ill.
XXIX, XXX. **Conférences au Musée Guimet**, en 1907-1908, par MM. R. Cagnat, A. Moret, L. de Milloué, Pottier Dr J.-J. Matignon, Salomon Reinach. — G. Bénédite, A. Gayet, A. Foucher, L. de Milloué, E. Naville, D. Menant. 2 vol in 18, illustrés.
XXXI, XXXII **Conférences au Musée Guimet**, en 1908-1909, par T. Homolle, Salomon Reinach, L. de Milloué, Sylvain Lévi, R. Cagnat, L. Delaporte, A. Moret. — G. Lafaye, René Pichon, Dr Capitan, E. Revillout, J. Bacot, Mme Jane Dieulafoy, A. Moret.
XXXIII. **Les phases successives de l'histoire des Religions**. Conférences faites au Collège de France en 1909, par M. Jean Réville. In-18.
XXXIV, XXXV. **Conférences au Musée Guimet**, en 1910, par L. de Milloué, A. Moret, R. Dussaud, R. Cagnat, A. Foucher, F. Cumont, L. Delaporte. — E. Guimet, H. Cordier, S. Reinach, D. Menant, R. Pichon, von Le Coq.
XXXVI. **Conférences au Musée Guimet**, en 1911, par MM. L. de Milloué, H. Cordier, R. Cagnat, Comte Goblet d'Alviella, Sylvain Lévi, Jacques Bacot, Mlle D. Menant.
XXXVII. **Conférences au Musée Guimet**, en 1912, par MM. A. Moret, Dr Capitan, Seymour de Ricci, Ph. Berger.
XXXVIII. **Conférences au Musée Guimet**. en 1912, par MM. le Commandant Espérandieu, P. Alphandéry, Salomon Reinach, R. Cagnat, A. Moret, A. Foucher.
XXXIX. **Conférences au Musée Guimet**, en 1912-1913, par MM. R. Dussaud, R. Cagnat, R. Pichon, J. Toutain, A. Moret, Mlle D. Menant.
XL. **Conférences au Musée Guimet**, en 1912-1913, par MM. V. Goloubew, le capitaine de Tressan, F. Nau, Sylvain Lévi, J. Hackin.

Tomes I à XXXV chez Ernest Leroux — XXXVI à XL chez Hachette et Cie.

ANNALES DU MUSÉE GUIMET

BIBLIOTHÈQUE D'ÉTUDES

SÉRIE IN-8°

I. **Le Rig-Véda** et les origines de la mythologie indo-européenne, par Paul Regnaud. Première partie, in-8. . . . . 12 fr.

II. **Les lois de Manou**, traduites par G. Strehly. In-8. . . . . *épuisé*

III. **Coffre à Trésor attribué au Shogoun Iyé-Yoshi** (1838-1853). Étude héraldique et historique, par L. de Milloué et S. Kawamoura. In-8, figures. . . . . 10 fr.

IV. **Recherches sur le Bouddhisme**, par Minayeff, traduit du russe par Assier de Pompignan. Introduction par Em. Senart. In-8. . . . . 10 fr.

V, VI. **Voyage dans Le Laos**, par Etienne Aymonier, 2 vol. in-8, avec 54 cartes. . . . . 32 fr.

VII. **Les Parsis**. Histoire des communautés zoroastriennes, par D. Menant. Première partie. In-8, fig. et 21 planches. . . . . 20 fr.
Couronné par l'Académie Française. — Prix Marcellin Guérin.

VIII. **Si-Do-In-Dzou.** Gestes de l'officiant dans les cérémonies mystiques des sectes Tendaï et Singon (Bouddhisme japonais), d'après le commentaire de M. Horiou Toki, supérieur du temple de Mitani-Dji. Traduit du japonais par S. Kawamoura. Introduction et annotation, par L. de Milloué. In-8, 18 planches et reproduction fac-similé du texte. . . . . 15 fr.

IX. **La Vie future**, d'après le mazdéisme, à la lumière des croyances parallèles dans les autres religions, par N. Soederblom. In-8. . . . . *épuisé*

X, XI. **Histoire du Bouddhisme dans l'Inde**, par H. Kern, professeur à l'Université de Leyde. Traduit par M. Gédéon Huet. 2 vol. in-8. . . . . 20 fr.

XII. **Bod Youl ou Tibet**, le Paradis des Moines, par L. de Milloué. In-8, planches. . . . . 12 fr.

XIII. **Le Théâtre au Japon**, ses rapports avec les cultes locaux, par A. Benazet. In-8, illustré. . . . . 7 fr. 50

XIV. **Le Rituel du culte divin journalier en Egypte**, d'après les papyrus de Berlin et les textes du temple de Séti Ier, à Abydos, par Alexandre Moret. In-8, figures et planches. . . . . 15 fr.

XV. **Du caractère religieux de la royauté pharaonique**, par Alexandre Moret. In-8, fig. et planches. 15 fr.

XVI. **Le culte et les fêtes d'Adonis-Thammouz** dans l'Orient antique, par Charles Vellay. In-8, fig. et planches. . . . . 7 fr. 50

XVII, XVIII. **Le Népal**, étude historique d'un royaume indou, par Sylvain Lévi. Tomes I, II. In-8, gravures et planches. Chaque volume . . . . . 10 fr.

XIX. **Le Népal**. Tome III, comprenant : une série d'inscriptions anciennes du Népal ; des notices sur quelques manuscrits népalais ; l'explication des planches ; un index général de l'ouvrage. In-8, planches. . . . . 10 fr.

XX. **Les livres sacrés du Cambodge**, par Adhémard Leclère. Première partie. La vie du Buddha. — La vie de Dévadatta. In-8. . . . . 7 fr. 50

XXI. **Le T'ai Chan**, par Edouard Chavannes. . . . . 20 fr.

XXII. **Essai de bibliographie Jaina**, répertoire méthodique et analytique des travaux relatifs au jaïnisme, par A. Guérinot. Un volume in-8, 9 pl. 25 fr.

XXIII. **L'histoire des Idées théosophiques dans l'Inde.** I. La théosophie brahmanique, par Paul Oltramare, professeur à l'Université de Genève. In-8. . . . . 10 fr.

XXIV. 1er fascicule : **Etudes sur le calendrier égyptien**. Dates calendériques au point de vue de l'histoire de la civilisation, par Ed. Mahler. Traduit et publié par Alexandre Moret. In-8. . . . . 10 fr.
2e Fascicule. **Chronologie égyptienne**, par Edouard Meyer. Traduit et publié par Alexandre Moret. In-8. . . . . 10 fr.

XXV. **Les origines de l'Egypte pharaonique**. Première partie. La IIe et la IIIe dynasties par Raymond Weill. In-8, figures et planches. . . . 20 fr.

Imp. J. Thevenot, Saint-Dizier (Haute-Marne)

www.ingramcontent.com/pod-product-compliance
Ingram Content Group UK Ltd.
Pitfield, Milton Keynes, MK11 3LW, UK
UKHW021138260726
13994UKWH00001B/204

9 782329 3450